さらしな

消えかかるその名を遺す

山岸正侃
YAMAGISHI MASATSUYO

幻冬舎MC

le 29
Mars 2023
春近11日

特別寄稿／藪野 健『春近い日』

序文にかえて

「さらしな」の地名が平成の大合併ですべて消えたことを、大学時代の先輩である藪野健さん（早稲田大学栄誉フェロー・名誉教授、日本藝術院会員）に伝えると、「未来に残す価値ある地名が途絶えるのは惜しまれる」と言われた。

本書の序として推薦の言葉をいただこうとお送りした校正刷りを「三度も読み返した」と言ってくださった。

届いたのは推薦文ではなく、北信濃の景観をみごとに写し取った絵だった。

本書にたびたび登場する冠《かむり》着《き》山《やま》を背景に、画面中央下に私たち夫婦が小さく描かれている。

この絵から「さらしな」の空気を感じ取っていただければ幸いに思う。

藪野健画伯のご協力に心より感謝申し上げます。

山岸正侃

さらしな——消えかかるその名を遺す

目次

第一章――更級と万葉文学

歌枕として知られた更級　12

「更級」は過去の地名となった　13

北信濃文化の開花　14

万葉文学における「さらしな」と「はにしな」　15

万葉仮名の普及　18

「山」は万葉仮名で「也麻」　19

第二章――姨捨山伝説と名月

姨捨山の物語　22

姨捨の長楽寺と姨岩　24
なぜ人は姨捨山の物語に魅せられるのか？　26
勅撰和歌集に収められた姨捨の歌　27
飢えが常に身近にあった時代　30
更級に棄老があったわけではない　32
『続日本紀』に記された建部大垣の孝行　33
朝廷とのつながりがあった武水別神社　34
姨捨伝説は武部大垣による創作ではなかったのか　37
月を観る自然の演舞場　39

第三章――『更級日記』と月

『更級日記』と命名された理由は？　44
月の神秘的な力に思いを込めたのか？　47
『更級日記』足柄山の逸話　48
月と日本人のつきあい　50
詩歌を愛でた貴族社会から武家社会へ　54

第四章――義仲、平家打倒に起つ

義仲、信濃国へ逃れる　56
平家方との合戦を前に戦勝祈願　57

大勝利を挙げた「横田河原の戦い」 58
義仲、平維盛を打ち破り、京へ入る 62
頼朝との軋轢、義仲の最期 63
もっと評価されてしかるべき義仲 65
義仲に惚れ込んだ二人 67
頼朝は歴史の変革者だったが…… 70

第五章――戦国から江戸の千曲川流域

信濃国の千曲川流域をめぐる興亡 74
屋代氏の戦国時代を生き抜くさま 76
謙信と信玄が川中島で激突した理由 78

激戦となった「第四次川中島の戦い（八幡原の戦い）」 80
江戸時代の北信濃、松代藩真田家と更級郡 83
財政に苦慮した松代藩 84
福島正則と高井郡 85

第六章――芭蕉と更級

江戸庶民文化としての俳諧と松尾芭蕉 88
『更科紀行』月を追う芭蕉 89
芭蕉、姨捨の中秋の名月に亡き母を思う 93
作句のない空白期間のなぜ？ 95
三夜続けて月を見る 100

信濃のうどんとそば事情　104
芭蕉、義仲の足跡に触れる　107
芭蕉、善光寺へ　109
芭蕉の代表句　112
『おくのほそ道』の旅　114

第七章――芭蕉、一茶、北斎の経済

文化の基盤は経済　118
一茶の「共感を呼ぶ力」　119
芭蕉を支えた「人の輪」　123
北斎と信州小布施の豪商　124

三者の才能　128

第八章——更級郡、庶民の生活環境

松代藩の税制度　130
検見は農村の死活問題　132
宿場町の発展と運上・冥加金　135
千曲川と犀川における物資の輸送　137
松代藩財政と豪商の台頭　139
財政難の松代藩、恩田木工を登用　141
もう一度、更級の魅力　143
姨捨の棚田にも時代の波　146

あとがき――「さらしな」のこと　148
参考資料・文献　150

第一章——更級と万葉文学

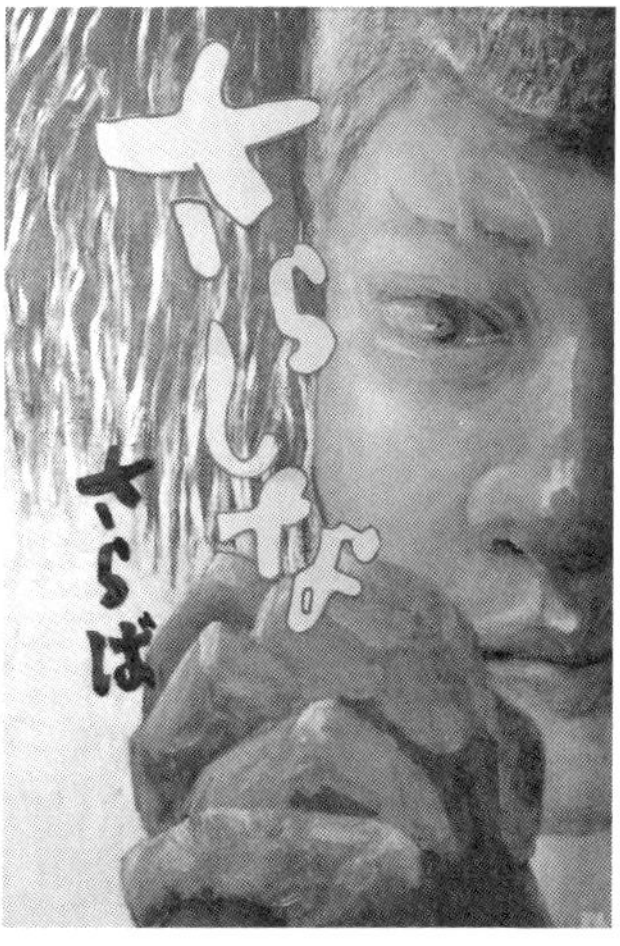

著者作『興味深い歴史を重ねてきたさらしなの名が消えた』

歌枕として知られた更級《さらしな》

古来、歌に詠み込まれた月の名所として知られ、姨捨《おばすて》伝説が残る信濃国更級《しなののくにさらしな》（更科）。長野県北部にあり、千曲川《ちくまがわ》と犀川《さいがわ》にはさまれた地域で、古代から更級郡《さらしなのこおり》と呼ばれてきた。現在の長野市南部のほか、埴科《はにしな》郡、千曲市におよび、犀川の南側に位置する善光寺平（長野盆地）と、犀川丘陵の山間部（西山部）に大別される。

平坦地は稲作が進み、湧き水や溜め池が多数点在する西山部でも、豊かな水を利用した灌漑《かんがい》による水田が傾斜地に広がっている。

西山部に連なる山々のうち、冠《かむり》着《き》山《やま》は標高一二五二メートル。この地域で最も高く、冠をかぶったように見える山容に独特な威厳がある。山裾に月の名所である姨捨を抱く三峰山《みつみねやま》、篠山《しのやま》、茶臼山、永ノ田（更級信更《しんこう》）と続き、善光寺手前の犀川まで切れ目なくつながる景観をかたちづくっている。これらの山々、千曲川と犀川に囲まれた地域が、信濃国更級郡である。

歴史上、更級郡の名は正倉院《しょうそういん》文書の天平《てんぴょう》二〇年（七四八）に早くも見え、平城宮跡出土の木簡《もっかん》群のなかに「更科郡」（古くは更科の表記も多い）と記されたものも存在する。また、千曲川東岸の千曲市屋代《やしろ》遺跡群で発掘された木簡も飛鳥時代から奈良時代のものと考えられている。

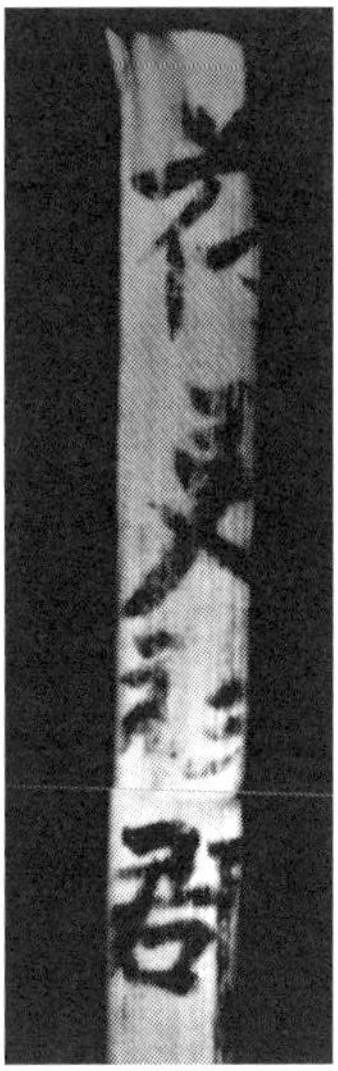

奈良時代の木簡に「更科郡」の文字　提供／長野県立歴史館（上）
川村暢亭書「更科郡」驥山館（下）

「更級」は過去の地名となった

飛鳥・奈良時代の郡里制下に端を発し、かくも歴史のあった地名にもかかわらず、更級の名は過去のものとなってしまった。

明治初期には八十六を数えた更級郡の村々は、幾度となく合併を繰り返した。

昭和三一年（一九五六）には四村が合併して川中島町に、昭和三四年（一九五九）には篠《しの》ノ《の》井《い》町《まち》と塩崎村が合併して篠ノ井市となり更級郡を離脱。さらに、これらが長野市に合併され、更級郡の三分の一が消えた。その後、山間部の三分の一が統合され長野市が発足した。平成一五年（二〇〇三）には、上山田町が更埴《こうしょく》市と埴科郡戸倉町と合併、千曲市となる。

そして、平成一七年（二〇〇五）一月一日、更級郡最後の村であった大岡村が長野市に編入され、この日、更級の名は消滅した。この前年の十二月十日の朝日新聞に、「『更級』の名よ　さらば」と題された記事が踊り、専門家は「歴史的な事件」と語っていた。

北信濃文化の開花

更級の名が消え、心を痛めたのは文学研究者や歌人だけではない。この地に生きてきた者たちにとって、古典文学の源泉地であり、戦国武将の熱気にあふれた故郷の名である更級の名は、高く鳴り響く心の琴線のようなものであった。

更級への愛情の情をお伝えすべく、この章では、この地に花開いた文化と人々の営みについて、飛鳥・奈良時代を振り返ってみたい。

万葉文学における「さらしな」と「はにしな」

飛鳥時代から奈良時代、いわば『万葉集』の時代には、千曲川西岸の更級、東岸の埴科の地に、当時の庶民の生きざまや心情を端的に表現した数多くの歌が生まれた。

この時代の人々は、自らの思いを「万葉仮名」で表した。万葉仮名は日本語を表記するために漢字の音を利用したもので、この山間地域に一定の知性と教養のある人たちの存在があったことや、生活状況などが推察される。万葉仮名以前には、詩が口ずさまれても、後世に伝わることなく消え去っていただろう。

読み書きに興味を得て、習いを重ねることでさらに、音声による伝達方法との違いや、文字による表現の新しさ、時間と場を超える有効性と便利さを感じる。自らの思うところや感情を歌に詠《よ》み、人々に届けることは喜びであったに違いない。

話し言葉を表現できる万葉仮名を気楽に習得し、自身の喜怒哀楽を文字に残す新時代が到来したのだ。かくして、更級や埴科には万葉文学が花開いた。

『万葉集』には、天皇や貴族から平民まで、さまざまな身分の人々の歌が選び抜かれ集められている。更級や埴科地域の民衆は、貴族社会と遠く隔絶された世界に生きていたゆえに、歌にストレートに込められた情感が伝わる。千曲川流域の更級と埴科ゆかりの歌に、現代語訳を併記し紹介したい。

人みなの 言《こと》は絶《た》ゆとも 埴科《はにしな》の 石井の手児《てご》が 言な絶えそね

◎現代語訳／たとえ人々の言の端にのらなくなっても埴科の石井の美しい乙女を私は忘れることができない。※埴科郡倉科で詠まれた。

韓衣《からごろも》 裾《すそ》に取りつき 泣く子らを 置きてぞ来《き》ぬや 母《おも》なしにして

◎現代語訳／九州北部を守る兵役、防人《さきもり》の旅立ちで、行ってはいやだと着物の裾にとりついて泣く子たちを、家へ残して来てしまった。母親もいないのに。

信濃なる　千曲の川の　細《さざれ》石《し》も　君し踏みてば　玉と拾はむ

◎現代語訳／千曲川のただの小石だってあなたがお踏みになった石なら宝玉として拾うでしょうね。※埴科郡戸倉か更級郡八幡稲荷山で詠まれた。

信濃路は　今の墾道《はりみち》刈株《かりばね》に　足踏ましむな　履《くつ》はけ　我が夫《せ》

◎現代語訳／千曲川流域の新しい道、信濃への路は新しく造られたばかりの道なので、切り株で足を踏み抜かないように靴を履いて行かれませ。私の大切な夫よ。

中まなに　浮き居《ず》る船の　こぎ出なば　逢うこと難《が》し　今日にしあらず

◎現代語訳／中州と舟の情景、中まなに浮いてる舟が漕ぎだしてしまったら、もう逢うことができない。今日の今でなかった。

これらの歌には、時を超えて感動と共感を呼ぶ力がある。

万葉仮名の普及

「万葉仮名」は日本語独自の表現方法として飛鳥時代に発案されたといわれている。それまで独自の文字がない時代を生きてきた日本人にとって、自分たちの言葉を文字で表すために漢字を日本の言葉としていかに活用するか、仮名の発見がいかに大事であったかがわかる。表意文字である漢字では、話し言葉をそのまま伝えることが不可能だったのである。

話し言葉を伝えられる文字がなければ、口頭で一度に大量の情報を伝えることは難しく、内容に欠落が生じる。未来の計画や過去の事柄を文字に残すことが、先人の知恵から学ぶうえで必要かつ重要となるのである。ところが、表意文字である漢字の読み書きには、高度な教養が求められた。

そこに利便性の高い万葉仮名が誕生した。だが、一音に漢字一字を当てる万葉仮名使いには、詩歌や情緒を語り伝える機微な表現に不便不自由さがあり、それを克服するために、その後、万葉仮名を捨てて、より簡易な仮名が模索されることになる。

「山」は万葉仮名で「也麻」

口から耳へ伝える「口承《くしょう》」によって、神話や土着信仰、民間伝承は伝えられてきた。人から人へ伝えられるたびに修正や歪曲があって、神秘性が増したりおもしろくもなったりしたことだろう。もちろん、伝達の正確性に欠ける危うさもある。

こうした口承に終止符を打った書物の代表が、奈良時代に編纂され、万葉仮名と漢文の併用型で記述された、現存する日本最古の歴史書『日本書紀』である。

「春（はる）」は、万葉仮名では「波流」と一字一音の表記で書かれた。たとえば、五世紀創建とも七世紀創建とも伝わる、千曲市内の佐良志奈《さらしな》神社の称号が万葉仮名で表記されている。「山（やま）」は「也麻」である。

このように、万葉仮名は漢字一字を一音に当てる。「あ」は「阿」「安」「足」「我」

のほか、数々あり、さらに「か」行、「さ」行……、濁音にも漢字を当てなければならない。一音が特定の漢字に固定されず、複数の漢字が使われることは混然として不便さがある。当時の人たちは苦難したことだろう。

平安時代になり、最古の物語である『竹取物語』は平仮名で、説話文学の『今昔《こんじゃく》物語集』は漢字と片仮名の併用で書かれた。平仮名は平安の王朝期に誕生し、それまでにはなかった文学作品を日本人は知ることとなる。そして、片仮名は文字を「覚える、書く」点では簡単で普及率は飛躍的に向上した。

日本独自の文字改革の歴史である。

第二章――姨捨山伝説と名月

歌川広重　六十余州名所図会『信濃 更科田毎月 鏡台山』
提供／千曲市教育委員会

姨捨山《おばすてやま》の物語

古くから更級の地に伝わる姨捨伝説。老婆を山に捨てる棄老伝説である。平安時代前期に成立した『大和《やまと》物語』に登場し、次いで『今昔物語集』、さらに能を大成した世阿弥《ぜあみ》の謡曲『姨捨』の題材にもなった。この姨捨の地は、千曲市にある長楽寺の境内にある巨岩、姨岩と伝わり、地名ともなっている。姨捨は観月の名所である。
『今昔物語集』に収められた姨捨山の物語（巻三十信濃国姨母棄山語第九）とは、以下のようなものだ（表記変更あり）。

今は昔　信濃の国更科と云ふ所に住むものありけり

年老いたりける　姨を家にすゑて　親の如くして養ひて　年来《としごろ》あひそひて過しけるに　その（嫁の）心にこの姨をいとはしく思えて　これが姑の如くに老いかがまりてゐたるを　極めてにくく思いければ　（中略）

婦《よめ》はいよいよこれをいとひて　夫に「この姨の心の極めて憎きに　深き山にゐ

行きて棄てよ」と云ひけれども 夫 いとほしがりて棄てざりけるを 妻あながちに責め云ひければ 夫 責められてわびて 捨てむと思ふ心付きて 八月十五夜の月のいとあかりける夜 （中略）

男かき負ひて 高き山のふもとに住みければ その山にはるばると峰に登り立ちて 姨下りうべくもあらぬ程になりて うちすゑて 男逃げて返りぬ （中略）

終夜寝られず 恋しく悲しく思いて 独言《ひとりごと》にかくなむ云ひける

「我が心 なぐさめかねつ さらしなや をばすて山に 照る月をみて」

と云うひて 姨を迎えに来たりける

『日本古典文学全集』「第二十四巻 今昔物語集４」（小学館）より抜粋

年老いて腰の曲がったおばの姿を厭わしく思う非情な嫁に責められ、八月十五日の夜、夫は親のように養ってきたおばを山に捨てる。家に帰ったものの夜は寝られず、親のように親しんできたおばが恋しく悲しい。嫌悪感でうなだれた男がふと頭を上げると、光がまぶしい。十五夜の月が発する光だ。心を暗くしていた闇の世界からたちまち抜け出て、あたりは白銀に輝く。この時の心境が歌に表されている。

「わが心　慰めかねつ更級や　姨捨山に　照る月を見て」

男は山を駆け上がり、老いたおばを家に連れ戻した。

姨捨の長楽寺と姨岩《おばいわ》

更級の姨捨山物語は、時代を超えて現代まで伝承されている。

なぜ、この地に姨捨の伝説が生まれたのかについて、私の考えは後述するが、ともあれ伝説は更級で誕生した。それも「山の中のどこか」ではなく、姨捨の場所は特定され、江戸時代には松尾芭蕉が迷うことなく、その地を訪れている。

その場所こそ、千曲市八幡《やわた》（旧更級郡八幡村）の長楽寺であり、山に見立てられた境内の姨岩である。老婆が捨てられたとされる姨岩は、たしかに山と呼んでもおかしくない巨岩だ。

三峰山は地滑りと浸食を何千万年にわたって繰り返し今の山容となった。姨岩は土石流により崩れ落ち、さらに移動の果てに長楽寺境内に落ちついた凝灰角礫岩《ぎょうかいかくれきがん》である。伝説の地域と場所が現存しているのは奇跡とも思える。

他方、更級のシンボルのひとつとなっている冠着山を姨捨山とする説もある。旧更科村の命名者塚田小右衛門は、冠着山こそ姨捨山と主張していた。

姨捨の長楽寺正門。左手は芭蕉句碑

長楽寺境内にある巨岩、姨岩
提供／千曲市教育委員会（上下ともに）

松代藩真田家による領地四郡区分地図（長野県立図書館）を見ると、地図上の冠着山と姨捨はそれぞれが独立して描かれている。この地図からは、江戸時代以前の「姨捨山は冠着山」説は消えたとも思えるが、大正時代の地図（長野県立図書館）には、冠着山の名前に（姨捨）と併記されているので、冠着山は姨捨山と呼ばれていたともいえる。

かつて旅人が往来した北国街道沿いからは、冠をかぶったかたちの冠着山がひときわ高くそびえる姿が目印になって、先の宿場までの距離がつかめ、疲れた脚をなだめながら、先へと歩を進められたことだろう。

夏、冠着山の山頂には、姫ほたるが舞う。

なぜ人は姨捨山の物語に魅せられるのか？

人は心に両面性や矛盾を抱え、時に鬼となり、また時に仏となる。男はおばに恩情と愛情を持っていたにもかかわらず、おばに対する嫁の負の感情に感化され、おばが疎《うと》ましくなり、妻に全面的に従って恩情を忘れた鬼の一面が露わとなった。

それを救ったのが月の光だったのである。

物語自体は、山里に住む疲弊した庶民の生活上のトラブルにすぎない。自分の親代わりといってもよい老婆を山に捨てるなど、当時も今も人の道に反する行為でもある。ところが、姨捨山伝説が流布されると、後述するように、京の都の文人たちは、「更級」「姨捨」を歌枕とし、そこに輝く中秋の名月を歌に詠んだ。

この物語のなかに、月光に秘められた心を清めてくれる力、鬼となった心の汚れを洗い流してくれる力を見出したに違いない。宮中もまた、人の邪《よこしま》な思いや行いが錯綜する世界であったことは容易に推察できる。

そこがどこであろうと、月はやわらかな光を届けてくれる。その光の優美さを詩歌《しいか》に再現することで俗世の汚穢《おわい》から逃れようとしたのかもしれない。

勅撰《ちょくせん》和歌集に収められた姨捨の歌

姨捨と名月を題材にした歌の数々は、勅撰和歌集（天皇や上皇の命によって編纂された和歌集）である『古今《こきん》和歌集』や『拾遺《しゅうい》和歌集』などに収められている。

第六十代醍醐《だいご》天皇の勅命により紀貫之《きのつらゆき》ら四名が撰者を務めて編纂された『古今和歌集』が奏上されたのは延喜《えんぎ》五年（九〇五）、花山院《かさんいん》（第六十五代花山天皇）自らが撰者となった『拾遺和歌集』の成立は寛弘《かんこう》二年（一〇〇五）から寛弘四年（一〇〇七）とされる。

早くも歌枕となった更級と姨捨が平安貴族に広く親しまれたことがうかがえる。当時、旅は簡単ではない。遠く離れた信濃国を詠む情趣も歌心をくすぐったのだろう。

あやしくも　慰めがたき心かな　姨捨山の　月も見なくに　　小野小町

月かげは　あかず見るとも　更科の　山のふもとに　長居すな君　　紀貫之

名に高き　姨捨山も　見しかども　今宵ばかりの　月は無かりき　　藤原隆信

更級に　宿はとらじ　姨捨の　山まで照らせ　秋の夜の月　　『忠見集』

秋の夜　暁がたの　月見れば　姨捨山ぞ　思いけるらん　　『信明集』

ひさかたの　月は一つ　姨捨の　山からことに　見ゆるなりける　　『家経集』

今宵われ　姨捨山の　ふもとにて　月待ちわぶと　誰が知るべき　　正覚忠

帰りけん　空も知らず　姨捨の　山よりい出し　月を見しまに　　『後撰和歌集』

これやこの 月見るたびに 思ひやる 姨捨山の 麓《ふもと》なりける　『後拾遺集』
月見ては たれも心ぞ 慰まぬ 姨捨山の ふもとならでも　『後拾遺集』
まことにや 姨捨山の 月を見る夜も 更級と 思う渡りを　『後拾遺集』
思ひでも なくてや我が身 やみなまし 姨捨山の 月はなかりき　『詞花和歌集』
名に高き 姨捨山も 見しかども 今宵ばかりの 月はなかりき　『詞花和歌集』
月みれば はるかに思う 更級の 山も心の 内にぞありける　『千載和歌集』
更級や 姨捨山に 月みると 都にたれが 我を知るらん　『千載和歌集』
恨みける 景色や空に 見えつらん 姨捨山を 照らす月影　『千載和歌集』
隅も無き 月の光を 眺むれば まづ姨捨山ぞ 恋しき　西行法師
更級の 山よりほかに 照る月も なぐさめかねつ この頃の月　『新古今和歌集』

老婆を捨てる無残さの陰は消え去って、邪心を昇華する月の力を前面に押し出す視点で、更級姨捨の月が表現されている。

飢えが常に身近にあった時代

姨捨山の物語は、平安時代前期に成立した『大和物語』にも登場している。ということは、原型となった伝説（あるいは創作）は、それ以前にかたちづくられたことになる。飛鳥～奈良～平安時代を生きる庶民の苦難がその背景にあった。

当時の庶民階層の衣食住どれをとっても、現代の生活環境とは比較にはならない。平均寿命は三十代。天災、飢え、ケガ、食中毒、伝染病などの危険は、常に身近なものだった。病気になっても治す手だては乏しく、自己治癒力に頼るしかない。ましてや、病気と老いが重なれば、やがて運命の尽きるのを静かに待つのが自然体だ。

しかし、生活力のある若い頃なら、農耕に従事する苦しさと疲れがあったとしても、束の間の楽しみ方もそれなりに持っていたらしい。

当時、更級に住んだ庶民の生活を思い描いてみよう。

山沿いの川の水《みな》面《も》は、そこに映り込む色彩を美しく輝かせ、のどかな景観を見せる。人々の生活は自然に任せ、ゆるやかで水も空気も不純物とは縁のない世界だ。

人々は食料を確保することで人生のほとんどを使い切る。粗衣粗食を憂う余裕はなく、生きる力になればよい。山や川の産物を得、さらに黍《きび》、粟《あわ》などの雑穀を栽培し、稲作を行って日々の糧とする。海産物はない。海の話は聞いたことがないし、なくてもよい。食べられるものを識別することは、大切な知識として伝承された。

飛鳥～奈良～平安時代には、水田の灌漑整備、新田の拡幅の労作業は無償の課役《かえき》とされた。生産性の低い長時間労働は、日常生活を単調にしただろうけれど、これが人生と苦にもせず生きる。

自然は人間の存在を無視し、人間は自然界の一部にすぎない。風水害や旱魃《かんばつ》、虫害や獣害、病原菌の繁殖による被害があれば、農作物の生産量低下は避けられない。年間を通じて食べ物の蓄えは貧弱で、時には飢えが襲う。

この時代から千年後の江戸時代の話だが、更級郡の村々を統治していた松代《まつしろ》藩の記録には、度重なる水害や日照りによって収穫がない年には、無数の餓死者や捨て子などがあったことが記されている（『長野史誌』「第十六巻　歴史編　上・下」）。当然、飛鳥～奈良～平安時代には、それよりも収穫が不安定で、生活のなかに頻繁に飢えがあったと考えられる。

更級に棄《き》老《ろう》があったわけではない

年老いた親を捨てる「棄老伝説」と耳にすると、当時の生活の苦しさによる口減らしや看病苦など、現代に通じる老人問題を想像してしまう。生活のなかに頻繁に飢えがあった時代であったことを知れば、なおのことだろう。

では、姨捨伝説が生まれた更級に、飢えや老人の看病に苦しんだ末の棄老問題はあったのか？

日本思想史学者の故古田武彦氏は、長楽寺への現地調査の結果などから、この地に棄老伝説はなかったと結論づけている（平成一四年の講演による）。また、いわゆる「口減らし」は、棄老ではなく子捨てによって行われたという指摘もある。つまり、当時の更級郡八幡や近隣に棄老問題はなかったのである。

むしろ、更級の姨捨には「親孝行」が関係したと私は考える。

もう一度、姨捨伝説のあらすじを振り返ってみよう。

更級に住む男は、妻に責められて親同然に養っていたおばを山に捨てる。ところが罪悪感に苦しみ、満月の光によって良心を取り戻しておばを再び家に迎える……。

つまり、一時は悪心を抱いたものの、孝行を取り戻す話なのである。そして、更級は親孝行を朝廷から讃えられた地だった。

『続日本紀《しょくにほんぎ》』に記された建部大垣《たけべのおおがき》の孝行

『日本書紀』に続く正史である『続日本紀』神護景雲《じんごけいうん》二年（七六八）の項に、信濃国更級郡の建部大垣ら四人が褒賞を受けたという記述がある。建部大垣が賞された理由が親孝行であった。

「為人恭順、事親有孝」（人となりは恭順、親に仕えて孝あり）

建部大垣は孝行ぶりを讃えられるとともに、朝廷から田租税を終身免除されたことも記されている。生涯納めるべき税を払わなくてもよいとは破格の待遇であり、常識を超えた扱いに思える。

どのような親孝行だったのかは想像しがたい。親を敬い感謝する心がけが毎日の生活のなかにあり、ほかの地域へもその評判が広がって、役人たちへも噂が流れ、親孝行の褒賞や税負担免除の優遇となったのだろうか。

この好待遇には、「親孝行の模範」となる人物を誉め讃えることによって、国中に「孝」の概念を広くゆき渡らせたいという思惑があるように思える。飛鳥・奈良の律令時代は、中国から入った儒学を国づくりの基盤とした。国に奉仕し恭順することを求める考え方だ。「親に孝」は儒学の教えのひとつである。

この特例ともいえる待遇には、朝廷の政治的意図があったのではないだろうか。

朝廷とのつながりがあった武水別《たけみずわけ》神社

親孝行者として讃えられた建部大垣は、更級を勢力域とした建部氏《たけべのうじ》を出自とする。建部氏は更級郡八幡（現千曲市八幡）に現在も続く武水別神社の奉斎を行う豪族だったという（『更埴市史』「第一巻 古代・中世編」）。

社伝によれば、武水別神社の創建は、第八代孝元天皇の御代《みよ》。第二代から第九代天皇、「欠史八代」と呼ばれ、『日本書紀』『古事記』に具体的な事績が一切記されておらず、実在に疑義が呈されているから、創建年代を特定するのは難しい。ともあれ、古い時代に創建され、武部氏によって守り伝えられてきたことはたしかなようだ。主祭神は武水別大神《たけみずわけのおおかみ》である。「武水別」の「武」は守り、「水」は治水を意味するものと考えられ、農業の繁栄による豊かな生活を願った社《やしろ》であったことがうかがえる。

武水別神社　拝殿

武水別神社　本殿

武水別神社　大頭祭
提供／千曲市教育委員会（3点すべて）

更級に文化が早くから芽生えた理由のひとつとして、武水別神社と中央政権とのつながりが指摘されている。たしかに、そうでなければ一地方豪族に朝廷が褒賞を授けるわけがない。

　武水別神社は平安時代の安和年間（九六八〜九七〇）に、京の石清水《いわしみず》八幡宮から八幡神（誉田《ほんだ》別命《わけのみこと》、息長足《おきながたらし》比売命《ひめのみこと》、比咩大神《ひめのおおみかみ》の三柱）が勧請《かんじょう》されて八幡宮となり、荘園（農地の特別権利）が与えられた。以後、地域随一の八幡宮として武家に崇敬され、木曾義仲や上杉謙信が武運を祈願している。また、江戸時代には朱印地二百石を有した。

　だが、明治時代に入るや、源氏の守護神を祀った「八幡宮」から「武水別神社」の社名に復し、義仲をはじめとする源氏に関係する書物、絵画、身にまつわる品々は、その管理責任が途絶えたためか散逸し、また、幾度かの火災によって焼失した。

　当時の面影はないが、源氏の守護神社を慕う気持ちが人々に残っており、地元では今も、「八幡神社」「八幡《やわた》のお八幡《はちまん》さん」と呼ばれ、親しまれている。

姨捨伝説は武部大垣による創作ではなかったのか

前に触れたように、姨捨伝説が文献に登場するのは、天暦《てんりゃく》五年（九五一）頃までに執筆されたと推定されている『大和物語』が初めで、これ以前に姨捨伝説を記した文献はおそらくない。一方、姨捨と名月の更級は歌枕として、すでに『古今和歌集』などに収められた歌に詠まれていた。『古今和歌集』が奏上されたのは延喜五年（九〇五）である。そして、武部大垣がその孝行によって朝廷から褒賞を受けたのは神護景雲二年（七六八）のこと。

ここからは私の仮説である。

姨捨伝説が生まれたのは八世紀のことだろう。人づてに京の貴族たちの話題になるまでには時間がかかる。一読すれば親不幸、しかし、裏返せば親孝行の大切さを伝える物語の舞台となった地域に、親孝行を朝廷から讃えられた人物がいた。建部大垣である。偶然とは思えない。さらに、更級に棄老があったことは否定されているのだから、姨捨伝説は創作ということになる。

この話は人間性を無視した破天荒に始まる。読者は心穏やかならず、先を読もうとする。不安が読者を引き込み、最後には「なるほど、よかった」と唸らせる。たくみな構成は、作者を褒めるべきだ。また、姨捨伝説に登場する歌は、『古今和歌集』に「詠み人しらず」として収められている。

わが心　慰めかねつ　更級や　姨捨山に　照る月を見て

親を山に捨てる話でありながら親孝行の大切さを語る話を創作し、その上に詩歌の才を持った者、教養が備わった者が更級にいたということではないか。山の中の更級で読み書きのできる者は、ごく少数派だ。古代、千曲川流域には、万葉の歌を詠んだ人々が存在していた。その末裔かもしれない。

読み書きに堪能で、生活にゆとりと時間を持ち、朝廷と交流があり、人脈を生かすことができる人物。更級で社会的地位の高い者となると、人物像はかなり狭められてくる。そこで浮上するのが、武水別神社を奉斎していた建部氏の親孝行者、建部大垣なのである。建部大垣その人ではなく、知り合いの者とも考えられる。

春の色彩に目を奪われ、夏の暑さに自然の活力を感じ、秋の哀愁に身を包み、冬の凍る寒さと雪に耐え、信濃の人々の情愛は育まれてきたことだろう。

千曲川周辺は氾濫原《はんらんげん》で常に洪水の危険がある。これを避けて扇状地や山間の河岸段《かがんだん》丘《きゅう》に生活圏が分布し、更級の姨捨は比較的安全な地といえる。虫の音が響き渡る秋、名月を愛でる慣わしがその更級にはあった。名月と姨捨の物語は結びつき、長い時を経ても、なお人々の心を揺さぶり続ける。

姨捨伝説の創作者であったかもしれない建部大垣は、約千年ののちに俳人芭蕉もが更級を訪ね来ることになると想像できただろうか。

月を観る自然の演舞場

姨捨に足を運ぶと、山の中ほどではあるが、人家がポツポツと点在するのが見える。傾斜地に段になった田や畑があり、また生活の場がある。棚田の水源は山の伏流水から小川の別れや池となり、さらに下っていく。土は粘土質、保水性に富み、田として最適で、水は四季を通し涸れることを知らない。

姨捨の棚田　提供／千曲市教育委員会

小さな田が段状に連なる棚田の農作業は、平地に比べると重労働だろう。

姨捨に立つ私の背後、夕日の残照が山の端に沈み、山の峰から白い綿毛に似た大きな月影がひょっこりと浮かぶ。姨捨の田に水が入ると月が映り、その姿がそれぞれの田を移りゆく（田《た》毎《ごと》の月）といわれ、日が落ちるに連れて月は色を増す。それは、しめやかな光だ。

山あいの小川の水音がかすかに響き、遠景の山々と眼下の千曲川、足元に小さく重なる棚田でみごとに構成された自然の演舞場となっている。

この更級の棚田から東を眺望する

と、大きく視界が開ける。見下ろせば千曲川が細くゆったりうねり、川の両岸は農耕地や集落が広く、川は善光寺平へと流れゆく。さらに遠く東側には、万里の長城もかくやとばかり、左右両手を伸ばすように連山がある。

「あんずの里」と呼ばれる果樹園が山裾を取り巻き、春の景色はあんずの花で覆われ、白とピンク色に変貌する。

　月をしみじみと慕う感覚は、今では薄れている。

　自然の力に寄り添って生きた古《いにしえ》の人々にとって、野を渡る風を吸い、中秋の名月の光を浴びて清められた己の心に静かに向かうことは、かけがえのない力になっていたのかもしれない。

第三章──『更級日記』と月

著者作『田毎の月』

『更級日記』と命名された理由は？

更級の名を冠した『更級日記』は、平安時代中期の康平《こうへい》三年（一〇六〇）頃に成立した。作者は菅原道真《すがわらのみちざね》の直系である菅原孝標《すがわらのたかすえ》の次女。この時代の常としてむすめの名前は不明で、菅原孝標女《たかすえのむすめ》と呼ばれる。寛弘五年（一〇〇八）の生まれであることはわかっており、『更級日記』を書き上げた当時は五十代だった。

父の孝標が上総国《かずさのくに》（現千葉県中央部）の国司《くにのつかさ》に任ぜられたのに伴い、十歳から十三歳までを同地で過ごす。少女時代は同行した継母《ままはは》や姉から聞いた『源氏物語』によって物語への憧れを持ったという。十三歳の折、父の任期が終わり長旅を経て京へ帰ることとなる（ＪＲ内房線・小湊鉄道の五井駅〈市原市〉前の更級通り沿いには十三歳の旅だち立像がある）。

都に戻った翌年、彼女の心を捉えていた『源氏物語』全巻を叔母から贈られ、以後、夢中となって読みふけり、物語を暗唱するほどのめり込んだ。『源氏物語』の夕顔や浮舟のような美しい女性になることを理想とする夢見がちな少女として成長していく。当時では相当の晩婚といえる三十歳を過ぎて橘俊通《たちばなのとしみち》と結婚するが、この頃、夫が赴任した下野国《しもつけのくに》には同行していない。現実と物語との違いを痛感したためだといわれている。だが、俊通との間に二児をもうけていることから、その後は無事に結婚生活を送ったものらしい。夫はその後、信濃国守《しなののくにのかみ》に任命された。

自らの生涯を回想的に描いた『更級日記』の執筆を始めたのは、夫を病で失った康平元年（一〇五八）頃のこと。上総を離れた十三歳から日記は始まり、『源氏物語』の世界に熱中した様子が克明に描かれる。

理想の男性との結婚を望んで待ち続けるも、三十歳を過ぎてやむなく結婚。しかし、結婚生活に関する記述は少なく、夫が亡くなったときに触れられる程度である。子どもは独立し、夫没後のさびしい独居生活にいたる約四十年間のさまざまな思い出が記されている。

平安時代の貴族としての、平凡な日常生活ではあるが、現代にも通じる物語である。

さて、『更級日記』には、信濃国更級を舞台とした場面はいっさい登場しない。なぜ、更級という地名が書名となったのか、その理由は物語の終わり近くに出てくる歌によるものだと説明されている。

月も出でで 闇にくれたる 姨捨に なにとて今宵 訪ね来つらむ

現代語訳／月も出ていない闇夜に包まれた姨捨山（年老いた私）のところへ、いったいどうして、今宵あなた（夫）は訪ねてきたのだろうか。

わが心 慰めかねつ 更級や 姨捨山に 照る月を見て

『更級日記』に登場する歌は、右の歌を念頭において詠まれた。『今昔物語集』に収められた姨捨の物語で効果的に使われ、また、『古今和歌集』に「詠み人しらず」として選ばれた歌が本歌なのである。

月の神秘的な力に思いを込めたのか？

某年某日、紫式部『源氏物語』研究者である林田孝和先生と話す機会を得た。当時の貴族社会における月に対する考え方をうかがい、そのひとつ「月および月光に関して」の三分類を利用させていただいた。『源氏物語』に憧れた孝標女の歌を理解するうえで、有用であるのは間違いない。

「源氏物語」の月および月光に関して、林田孝和氏による三分類
①月を賞でて、人々が詩歌、管弦の宴に興ずる場。観月の宴や遊びの場。
②人を偲ぶことによって霊が出現する場。
③男女の逢瀬《おうせ》や語らいの場。

林田孝和著『源氏物語の精神史研究』（桜楓社）より

『更級日記』に記された歌における月および月光の表現は、②と③に当たると考えられる。月の出ない新月にもかかわらず、亡き夫が現れた月の力に驚く作者。あるい

は、姨捨の中秋の名月であったればこそ、なおのこと思いが叶えられた……が彼女の本音だったのか。一人さびしく暮らし続ける晩年、突然暗い夜、甥が訪ねてきた。その姿が亡き夫に見えたのか。

孝標女は『古今和歌集』や『大和物語』を紐解いたであろう。名高い歌枕の更級、姨捨の月はよく知っていたに違いない。夫は信濃国に国司として赴任もしている。日記に「更級」が冠されたのは必然だったと思われる。

『更級日記』足柄山《あしがらやま》の逸話

古典文学は敬遠されがちだ。だが、『更級日記』は下級貴族の出であった孝標女のみずみずしい感覚で描かれた生活記録としても貴重で、共感させられるものがある。せっかく『更級日記』に触れたのであるから、その一部を現代語訳で紹介したい。作者十三歳の折、父孝標が上総介《かずさのすけ》（国司のうちの次官に当たる）の任を解かれ、家族や使用人とともに京へ向かう道中が描かれている。

「相模《さがみ》より駿河《するが》へ足柄山中にて遊女に逢う」（神奈川県）

　足柄山《あしがらやま》という所は、四、五日にわたって鬱蒼《うっそう》といかにも恐ろしく暗い道が続いていた。ようやく分け入った麓《ふもと》のあたりでさえも、梢《こずえ》にせかれて空の様子がさだかに見えず、なんとも言えないほどこんもりしていてひどく不気味である。その麓に宿った時、月も無く暗い晩で、物のもようも判らない深い闇《やみ》だったが、そこへ遊女三人、どこからともなく現れた。五十歳ほどのが一人、それに二十歳ほどの、十四、五歳の遊女だった。

　髪が非常に長く、額髪《ひたいがみ》が美しくたれかかって、色も白くこぎれいで、その声たるや、まったく何にもたとえようもないほど美しく、空に澄みのぼるように上手に歌をうたった。

　人々がたいそう感激して、これほど恐ろしげな山のなかに帰っていくのをなごり惜しく思って皆泣くのを見て、おさな心にはましてのこと、印象深いこの宿を、明日発《た》ってゆくのが心残りにおもわれた。

『日本古典文学全集』「第十八巻 更級日記ほか」（小学館）より抜粋

この時代に身をおいた者でなければ、異次元の出来事で、美しい歌声に皆が泣くなど理解しがたいものがあるが、暗夜の一縷《いちる》の光明《こうみょう》のような、美少女の天女かと思われる美声に感動したのであろう。

晩年、夫が亡くなったあとに日記を書き始めたにもかかわらず、四十年前の感動を昨日起きたことのように綴っているのがみごと。

月と日本人のつきあい

平安時代、中国の唐にならった「中秋節」の観月行事が貴族社会に広がり、詩歌、管弦、宴の行事とともに行われた。

こうした中国由来の風習が日本社会に根づく以前から、日本には月を神聖なものとして崇《あが》める風習が備わっていたと思える。月を題材にした『竹取物語』や「姨捨伝説」は、その筆頭ではないだろうか。

中秋の名月は、江戸時代に広く庶民文化として根づいた。名月を詠んだ江戸時代以降の俳諧を紹介しておこう。

江戸時代の姨捨／小林一茶

姨捨の　暗き中より　清水かな
十五夜の　よいおしめりよ　より月夜
けふという今日夕月の　おそば（側）なり
川どめや　むかうは月の　古《ふ》る名所（千曲川の洪水で）
名月や　仏のように　膝を組み

与謝《よさ》蕪村《ぶそん》

帰る雁《かり》　田毎《たごと》の月の　くもる夜に

昭和時代／高浜虚子

更級や　姨捨山の　月そこれ

月は太陽とはまったく異なる存在感を持っている。

天文学が未発達だった時代には、月の満ち欠けは謎めいたもので、月だけに見られる現象は人生になぞらえられた。満月は生の象徴であり、新月は死を思わせる。満ち欠けにともない、生から死へ、そしてまた再生する。満月の神秘的で優しい光は、生命力の源だったといえる。

約二十九日周期で満ち欠けを繰り返す月は暦《こよみ》の元ともなった。日本においては、飛鳥時代から明治五年（一八七二）までの長きにわたって使われていた「太陰太陽暦」がこれに当たり、月の運行に基づいて日付が決められていた（厳密には数度の改暦が行われており、一貫して同じ暦が使用されていたわけではない）。

太陰太陽暦の一年は、二九・五日×十二月＝三五四日で、太陽暦の一年は三六五日であるから、一年に十一日のずれが生じる。月の運行だけを基準にした太陰暦では、実際の季節とずれていき農作業に不便があるため、太陽暦とのずれを解消する工夫がなされたのが太陰太陽暦なのである。

太陽暦とのずれを解消するための知恵が「閏年《うるうどし》」や「閏月」であり、「二十四節《にじゅうしせっ》気《き》」であった。太陰太陽暦における閏年には、閏月が加えられ、一年が十三月となる。春分、夏至、秋分、冬至に代表される二十四節気は、暦と季節のずれを正すために用いられたものだ。

太陽暦に置き換わった今、太陰太陽暦時代の中秋の名月行事の考え方とは違ってきている。満月は太陰太陽暦では毎月十五日。この日付は、太陽暦では九月七日から十月八日とずれ幅が大きくなる。そのこととは別の理由で、じつは中秋の名月と満月がずれることも、しばしば起こるという。

だが、正確な満月でなければならない必要があるだろうか。澄み切った夕暮れの空に浮かぶ満月かどうか知れぬ月に感動する、自分なりの「中秋の名月」もよいものだ。この時期の名月は晴ればれとした気分にさせてくれる。

詩歌を愛でた貴族社会から武家社会へ

月を愛する詩歌のふるさと、更級は貴族社会の衰退とともに影を潜めた。姨捨の月を愛でて歌う平穏無事な時代から、武力によって物事が決まる時代の到来である。政権をめぐる武家の争いは、社会の混乱と再秩序を繰り返す。

支配者層の価値観の違いが詩歌への感覚にも影響している。戦国時代、武将によって詠まれた一例として、豊臣秀吉の辞世の句を挙げよう。

露と落ち 露と消えにし 我が身かな 浪速《なにわ》のことは 夢のまた夢

下剋上の不安定な時代状況が解消されつつあった安土桃山時代には、織田信長や秀吉による豪華絢爛な安土桃山文化が花開くことになったが、詩歌を愛した貴族や庶民の文化活動は下火となった。

第四章――義仲、平家打倒に起つ

『巴御前／木曾義仲図屏風』著者による模写

義仲、信濃国へ逃れる

この章では、信濃国の武将で、更級にゆかりのあった木曾義仲（源《みなもとの》義仲）について触れたい。

清和天皇の皇子や孫が臣籍降下して源氏を名乗った氏族を清和源氏という。義仲はこの流れを汲む河内《かわち》源氏の源義賢《よしかた》の次男として、久寿《きゅうじゅ》元年（一一五四）、武蔵国《むさしのくに》に生まれた。祖父は弓の名手として名高い源為朝《ためとも》である。

生い立ちの詳細は不明だが、『平家物語』『源平盛衰記《せいすいき》』（史実を反映しているとは限らない軍記物語）によれば、義仲二歳のとき、父義賢はその兄である義朝《よしとも》と対立し、義朝の長男義平《よしひら》によって討たれた。義平は駒王丸（義仲の幼名）の殺害を、義朝に与《くみ》した畠山重能《しげよし》に命じたが、重能はこれをよしとせず駒王丸を斎藤実盛《さねもり》に託す。駒王丸は信濃国木曾の中原兼遠《かねとお》に匿《かくま》われ、木曾で育つこととなった。

義仲の名が歴史の表舞台に登場するのは、後白河天皇の皇子である以仁王《もちひとおう》が平氏打倒を命じる令旨《りょうじ》を発した治承《じしょう》四年（一一八〇）のこと。以仁王の命に各地の源氏が呼応するなか、義仲は兵を率いて木曾を出ると、北信濃の源氏の助勢に向かった。源平合戦の前哨戦となる「市原合戦」が史料に現れた義仲初めての戦いとなった。

以仁王の挙兵を契機に始まったこの戦乱の中心は源平両氏だったが、諸国の武家を巻き込んで、以後、六年間におよぶことになる（治承・寿永の乱）。

平家方との合戦を前に戦勝祈願

こののち、義仲は信濃国小県郡《ちいさがたぐん》（現上田市）の依田《よだ》城において平家打討の兵力を蓄えた。

出陣に際して、義仲は更級郡八幡の八幡宮（武水別神社）で戦勝祈願を行っている。前述したように、元来、千曲川の治水の神とされた武水別大神を主祭神とした武水別神社には、安和年間（九六八～九七〇）に、京の石清水八幡宮から八幡神が勧請されて八幡宮となった。源氏と八幡宮の関係は古く、義仲の祖父は京都の石清水八幡宮で元服（成人）の儀を、また義仲十三歳の儀を行っている。源氏の武将にとって、八幡宮での戦勝祈願は欠かすことのできない儀式だった。

『源平盛衰記』は戦勝祈願の様子を以下のように伝える。

兜を脱ぎ、腰を屈して八幡の社に伏して拝み様々な願を立てられけり。明けぬれば朝日くまなく差出でて、鎧の裾をぞ照らしける。義仲はるかに伏し拝み、弥勒竜華《みろくりゅうげ》の朝《あした》まで、義仲が日本国を知行せんずる軍の縁日となり給え。今日は、八幡大菩薩の結びて給ひたる吉日なりとぞ勇みける。

『更埴市史』「第一巻 古代・中世編」〔源平盛衰記〕（更埴市史編纂委員会編）より

大勝利を挙げた「横田河原の戦い」

治承五年（一一八一）六月、義仲は軍勢三千を率い、平家の命で信濃に出陣した越後の城助職《じょうすけもと》の軍勢九千と千曲川を挟んで対峙した。源平二大勢力の直接対決の先駆けである。

越後軍は更級郡篠ノ井（現長野市）の横田城に布陣。これに対し義仲軍は、対岸の埴科郡雨宮、屋代（現千曲市）に陣取ると、千曲川一帯に茂る一面のススキや草藪の

『横田河原の戦い絵図』提供／長野県立歴史館

平原に火を放ち焼き払い、平家軍との戦場として準備を整えた。

越後軍は義仲軍の三倍である。義仲軍は「義仲四天王」と称された、今井兼平《かねひら》、樋口兼光《かねみつ》、根《ねの》井《い》行親《ゆきちか》、楯親忠《たてちかただ》をはじめとした武将ぞろいではあるものの、圧倒的な兵力差はいかんともしがたい。

義仲は真正面から戦っても勝目がないと判断し、策略を練り敢行する。少ない自軍を二手に分け、ひそかに一隊に川を渡らせ、越後軍の背後から平家の赤旗を掲げて近づくと、敵軍は応援部隊の到着と思い、鎧兜も身につけぬまま安堵する。

頃やよしと、鬨《とき》の声を合図に源氏の白旗を高々と掲げ、義仲軍が正面と背後から越後軍を攻めたてると、越後軍は総崩れとなり、兵力ではるかに劣る義仲軍が大勝利を収めた。

とはいえ、激戦も繰り広げられている。義仲軍の高山党（上野の高山氏）と、城助職軍の笠原氏の戦いのさまには両軍が刮目《かつもく》したらしい。

高山党、三百余騎にて喚《おめ》きてかく。笠原は、八十余騎にて、三百余騎を駈け散らさんと、中に破《わ》り入って、面《おもて》振らず散々に戦ふ。

高山は、大勢にて小勢を取りかこめ、一人も漏らさず討ち留めんと、辺《あたり》に廻《めぐ》って、すきまもあらせず戦いけり。

駈けては引き、引きては駈け、寄せては返し、返しては寄せ、入れ組み、入れ替へ、戦ひける有り様は、胡人が虎狩り、縛多王《ばくたおう》が鬼狩りとぞ覚えたる。またつむじ風の木の葉をめぐらすに似たりける。程なしと見るほどに、高山が三百余騎、九十三騎に討ちなさる。笠原が八十余騎、四十二騎にぞなりにける。両方本陣に引き退く。源平、互いに感ぜざる者はなかりけり。

『更埴市史』「第一巻 古代・中世編」「源平盛衰記」（更埴市史編纂委員会編）より

横田河原の戦いでの勝利は、源氏による平家打倒の第一歩となった。義仲は余勢をかってそのまま越後に入り、越後の実権を握る。義仲軍の勝利のあと、北陸諸国の反平家勢力の活動は活発になっていった。

ちなみに、横田河原の戦いから三百八十年ほどのちの天文《てんぶん》二二年（一五五三）から永禄《えいろく》七年（一五六四）、数次にわたって勃発した上杉謙信と武田信玄の「川中島の戦い」の際、謙信は合戦に先立ち、更級八幡の八幡宮において戦勝祈願を行っている。第四次合戦においては、両軍が千曲川の両岸に布陣すると、上杉全軍は闇夜のなか、妻女山《さいじょさん》を下り雨宮の渡しを渡って、夜が明けると武田信玄の陣に突撃した（詳しくは第五章を参照されたい）。

謙信は義仲の軍略を研究していたものかと想像させられる。

義仲、平維盛《たいらのこれもり》を打ち破り、京へ入る

寿永《じゅえい》二年（一一八三）五月、義仲は越中《えっちゅう》国にいた。横田河原の戦いで勝利した義仲を討つべく、平家が差し向けた平維盛率いる平家軍を打ち破らなければならない。義仲は埴生《はにゅう》に陣をかまえ、埴生護国八幡宮で戦勝を祈願し合戦に挑む。

平家軍が十万ともいわれる大軍勢を繰り出したのに対し、義仲軍の兵力（詳細不明）は圧倒的不利だった。義仲は「火打城の戦い」では破れ、後退を余儀なくされたが、その後の「般若野《はんにゃの》の戦い」では、平家軍を退却させている。

『義仲公戦勝祈願図』
提供／埴生護国八幡宮、所蔵／富山県小矢部市

五月十一日、両軍は越中と加賀の国《くに》境《ざかい》にある砺波山《となみやま》の倶利伽羅《くりから》峠（現富山県小矢部市と石川県河北郡津幡町にまたがる）で激突する。この戦いでも、義仲は機略を用いた。昼は激しい戦いをせず平家軍を油断させ、夜襲をかけたのであ

る。平家軍は十万の大半を失い、平維盛は命からがら加賀国へ退却した。

義仲はその後の合戦でも勝利を重ね、破竹の勢いで京を目指して進軍、平家一門を都落ちさせ、七月、無血の上洛を果たした。

頼朝との軋轢《あつれき》、義仲の最期《さいご》

倶利伽羅峠で平家軍を討ち果たした義仲が上洛を目指した頃、頼朝は鎌倉から動くことはなかった。東国の平定に力を注がざるをえなかったからである。

義仲と頼朝の間に軋轢が生じたのは、その一年前のこと。頼朝と敵対した志田義広（源為義《ためよし》の三男）と源行家《ゆきいえ》（源為義の十男）、二人の叔父が義仲を頼って身を寄せたことが原因となった。武力衝突寸前に和議が成立し、義仲が嫡男の義高を人質として鎌倉に送り一応決着したが、禍根《かこん》を残すことになる。

義仲が京に入ると、平家は都落ちして戦う相手はいない。実権を握っていた後白河法皇は大歓迎で義仲を迎え、無位無官だった義仲は、従五位下《じゅごいげ》・左馬頭《さまのかみ》・越後守《えちごのかみ》に任ぜられた。

『巴御前／木曾義仲図屏風』左隻部分「義仲馬上武装図」　提供／馬の博物館

平家打倒の義仲の功績は大きかったが、山育ちの田舎者のおおらかさが自身の評判を落とすこととなった。京の貴族社会への無知と、軍規の乱れ、皇位継承への介入などから不興を買い、次第に後白河法皇と対立する。法皇は頼朝に接近し、頼朝はただちに源範頼《のりより》・義経に打倒義仲の命を出した。

一方、義仲は対立する頼朝討伐を後白河法皇に求め、さらに寿永三年（一一八四）一月には後白河法皇に自らを征夷大将軍とする院宣を強要し「朝日将軍」の称号を得るも、命運はここまでだった。上洛からわずか数か月で、逆賊の汚名を着せられることになるのである。

範頼・義経軍は京に迫っていた。開戦を余儀なくされたとき、義仲軍の多くは逆賊となることを恐れ、付き従う者はわずか二百騎だったという。北陸道へ逃れようと京を出るが、次々と兵を減らし最後は腹心の今井兼平と二人、琵琶湖畔の粟津《あわづ》で討ち死にした。三十一歳だった。

義仲の平家打倒の旗は消えた。敵とした平家ではなく、従兄弟の範頼、義経に討たれるとは夢にも思っていなかったに違いない。

もっと評価されてしかるべき義仲

以仁王《もちひとおう》が発した平家打倒の令旨《りょうじ》にまず応じたのは頼朝だったが（治承四年八月の韮《にら》山《やま》攻め、義仲の市原合戦は九月）、平家の大軍を目前に、知恵と勇気を持って果敢に立ち向かい勝利を得た義仲の印象は鮮烈だ。

ことに、源氏追討軍の総大将であった平維盛が率いた十万もの大軍を破った倶利伽羅峠の戦いの歴史的意義は高く、平家の弱体ぶりを露呈させ、源平の勢力バランスを一気に逆転させることにつながった。義仲抜きにして、源氏の再興と平家の滅亡はなかったといってよいだろう。

上田市の「信州丸子義仲祭り」提供／信州丸子義仲祭り実行委員会

だが、義仲の歴史上の評価はないに等しい。その名声は頼朝や義経の影に消されてしまっている。義仲は再評価されるべきだと私は強く思う。将来、義仲がこれまでとは別の視点から評価される時がくるのを待ちたい。

　頼朝と敵対した叔父二人をかくまったことからもわかるように、非情な頼朝とは違い、情に厚い武将でもあったが、武家社会のなかに強い地盤を築く余裕もなく、政治的に有能な側近がいなかったことは致命的だった。

　倶利伽羅峠の勝利のあと、上洛を焦ることなく北信濃へいったん戻り、まず自身の政権基盤を準備していたら、どうなっていただろうか。「更級武家政権」を夢想してしまう。源氏の守護神八幡宮のもとで、幕府を立ち上げてほしい武将だった。

義仲に惚れ込んだ二人

芥川龍之介が作家としてデビューする前の旧制中学時代、「木曾義仲論」に義仲の魅力や敬慕の念をしたためている。次の一文はその結びである。

彼の社会的生命はかくの如く短きなり。しかも彼はその淡々たる革命的精神と不屈不絆の野快とをもって、個性の自由を求め、新時代の光明を求め、人生に与えるに新たなる意義と新たなる光栄とをもってしたり。(中略)彼の人生は短かけれど、彼の教訓は長かりき。彼の燃やしたる革命の聖壇の霊火は煌々として消えることなけむ。彼の鳴らしたる革命の角笛の響きは止むことなけむ。

『現代日本文学大系』「第四十三巻 芥川龍之介集」(筑摩書房)より

義仲に惚れ込んだもう一人は、松尾芭蕉。俳諧師である芭蕉は、義仲が独自の夢を求めた背景について、文書としては残していない。

元禄《げんろく》元年（一六八八）から翌年にかけて記された『更科紀行』では、木曾の句を詠み、更級八幡では「姨捨の月」を詠じ、同地に宿泊した。更級八幡の八幡宮（武水別神社）が源氏の氏神であることは芭蕉も知るところ。義仲のあれこれは宮司《ぐうじ》から聞きおよんだことだろう。『更科紀行』に続く『おくのほそ道』に記された北陸行では、「倶利伽羅峠の戦い」の前に義仲が戦勝を祈願した埴生護国八幡宮を訪れている。

私はこれらに木曾義仲の影を追う松尾芭蕉の姿を見る。義仲と交錯する地跡を歩いたのではないか。戦乱期には稀なる、人を思いやる武将だった点を心に留めていたのではなかろうか。

加賀国金沢で弟子に会えるのを楽しみに立ち寄るも、三十六歳の死を知らされて詠んだ句。義仲とのかかわりはないが、芭蕉の情の厚さを感じる。

　塚も動け 我が泣く声は 秋の風

義仲の父義賢は、兄である義朝の長男義平に殺害され、当時二歳の義仲の命も危うかった。

　義朝の 心に似たり 秋の風

加賀国小松で詠んだ二句。二歳の義仲の命を救った斎藤実盛は、のちに平家方に仕え、加賀国で起こった「篠原の戦い」の際、皮肉なことに義仲配下の武将手塚光盛《みつもり》によって討ち取られた。

　むざんやな 兜の下の きりぎりす

　木曾の情 雪や生えぬく 春の風

越前国敦賀《つるが》で詠んだ句。

義仲の 寝覚めの山か 月悲なし

芭蕉は義仲の足跡を長い文章で語ろうとはしない。わらじを何百と脱ぎ替えながら現地に旅し、俳諧の十七文字に「義仲」を表現した。心の奥に思いを潜めながら、静かに慕う人間だったのだろう。

頼朝は歴史の変革者だったが……

歴史の変革者としての頼朝は偉大である。従来の天皇・朝廷を中心とした政治から完全に独立した武家政権・鎌倉幕府を初めて樹立したことは歴史に刻まれている。その後、武士による政治基盤は存続し続けた。

一方、頼朝には精神的欠陥があったとしか私には思えない。従兄弟の義仲を範頼と義経に殺害させ、実の弟であるその範頼と義経を次々と殺害させた。平治の乱で父義朝が平清盛に敗れたのち、流刑の身であった頼朝は、弟たちと再会した際、手を取り合って喜んだとあるが、本心ではなかったのか。

義仲が叔父二人の命を救う代わりに、息子の義高を人質に出したあと、その義高も殺害されている。義仲がかくまった叔父二人も、長くは生きてはいられなかった。戦乱期にありがちなこととはいえ、血の凍るような冷徹ぶりである。

平家打倒をみごとに成し遂げた源氏一族の、その後の繁栄はか細く、頼朝自らの手でその原因をつくった悲惨な印象が残る。

第五章——戦国から江戸の千曲川流域

戦国時代の信濃国十郡

信濃国の千曲川流域をめぐる興亡

時は移り、戦国時代。

農耕に適した千曲川の流域は、上田に真田氏、その下流の坂城《さかき》に清和源氏の流れを汲む村上氏、さらに下流域に村上氏から分かれた屋代《やしろ》氏と、三つの氏族による領国運営がなされていた。

穏やかな山国で、各氏の均衡は保たれていたが、天文一一年（一五四二）頃から甲《か》斐《い》国の武田晴信（信玄）が信濃国諏訪、さらに上田、北信濃へと勢力の拡大を図り、千曲川流域の平穏は破れた。この動きが越後国の長尾景虎《かげとら》（上杉謙信）を刺激したことで、さらに戦火は広がることになる。

晴信が信濃に攻め入るや、景虎が軍を率い攻防戦となり、地方豪族たちは自領の存続のため、いずれに加勢すべきか決断を迫られた。この地での戦乱は、関ヶ原の戦いが終わるまで度重なることになる。信濃国はまさに生死を賭けた戦いに邁進せざるをえない運命の時代に入ったのである。

ここではまず、村上氏と真田氏について、簡単に触れておきたい。

坂城（現埴科郡坂城町）を本拠とした村上氏は清和源氏の支流で、平安時代の村上為国は木曾義仲軍に加わり義仲とともに上洛している。戦国時代の村上義清《よしきよ》は反武田を鮮明にし、二度までは武田軍を撃退することに成功したが、天文二二年（一五五三）、武田軍に敗れると、長尾景虎を頼って千曲川を小船で下り越後国へ逃れた。のちに上杉家の家臣となった義清は、熾烈をきわめた「川中島の戦い」に加わり、武田軍に挑むなどして失地回復を図るも成就することはなかった。

上田（現上田市）の真田氏は武田方に与した。元亀《げんき》四年（一五七三）に信玄が病没し、天正《てんしょう》一〇年（一五八二）に武田氏が滅亡すると、織田信長に臣従したものの、信長は「本能寺の変」で横死。その後、徳川家康に従ったが、沼田城をめぐって真田昌幸は家康と対立し、以後、豊臣秀吉に属した。

「関ヶ原の戦い」では、昌幸とその次男信繁（幸村）は豊臣方に、長男信之は徳川方に属し、一族の存続を図る。

昌幸と信繁は上田城に籠城して、関ヶ原に向かう徳川秀忠が率いる三万八千の大軍を阻止したため、関ヶ原の戦いで徳川方が勝利したあと、上田領は没収され、昌幸と信繁は高野山に流された。信繁は「大坂冬の陣」で再び豊臣方につき、「大坂夏の陣」では、勇猛果敢に家康の大軍に挑み、戦い続けるも力尽きる。

一方、徳川方につくことを父昌幸から命じられた信之は、家康から武功を称賛され、昌幸が没収された旧領に三万石を加増した九万五千石の上田藩主となった。のちに信之は、千曲川東岸の松代《まつしろ》城（武田信玄が築いた海津城）を中心とした松城藩十三万石に加増移封されている。

屋代氏の戦国時代を生き抜くさま

千曲川をはさんで更級郡の東に位置する埴科郡屋代郷（現千曲市）には、屋代城を本拠とした屋代氏がいた。坂城を本拠とした村上氏の支流で、いわば村上氏が本家、屋代氏が分家の関係にあり、長らく村上氏の重臣を務めていた。

屋代正国のとき、村上義清から離反し武田氏に臣従。武田氏が滅亡すると、織田信長麾下《きか》の森長可《ながよし》に、さらには小田原北条《ほうじょう》氏（後北条氏）に属し、果ては上杉謙信の跡を継いだ景勝《かげかつ》に従う。情勢を見ながら、主家を次々と乗り換えるのは、戦国時代弱小氏族の生き残りを懸けた知恵というべきだろう。

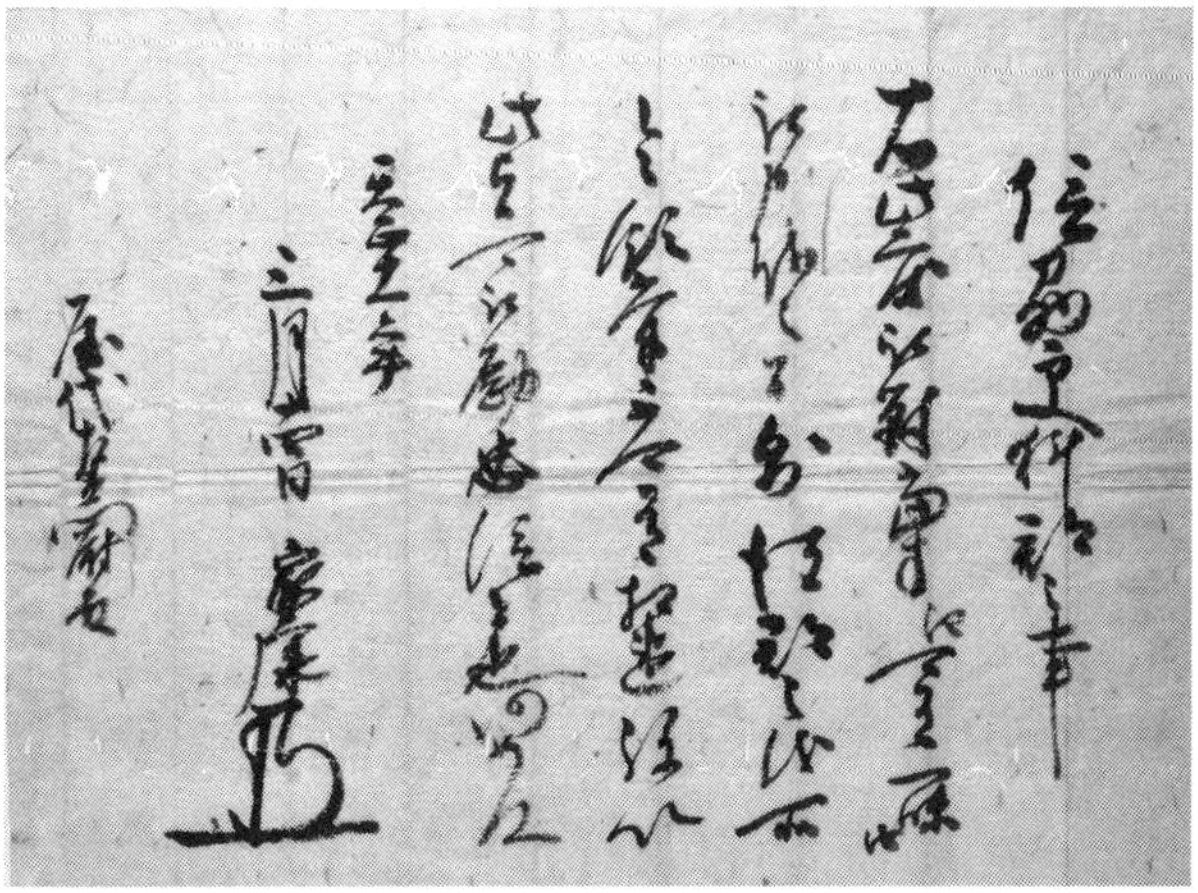

徳川家康の書状　提供／千曲市教育委員会

天正一一年（一五八三）、徳川軍が信濃国に侵攻すると、屋代秀正は堅牢な荒砥《あらと》城に立てこもって応戦するも、突如上杉氏から離反、徳川氏に身を寄せる。家康から更級郡を与えると約束されたからだという。徳川に従属後、秀政が家康から受けた書状（大意／更級郡内の所領を安堵する。忠勤に励むように）が残されている。

徳川に属したのちは、大坂冬・夏の陣で旗本奉行を務め、甲斐国六千石を、その後、徳川忠長の家老として小諸《こもろ》城に入り一万石を領した。子孫は旗本として続き、幕末には徳川慶喜《よしのぶ》とともに駿府《すんぷ》（現静岡市）に居住。

屋代氏は弱小ゆえの知恵を駆使し、最終的に徳川の下で新天地を得たのである。

屋代氏が去った江戸時代の屋代（矢代）は、松代藩に組み込まれ、幕末にいたるまで北信濃四郡（更級郡、埴科郡、ほか二郡）を領した松代藩は存続した。「屋代」は「矢代」と改まったが、千曲市内の狭い地域ではありながら現在も市内の重要拠点であり、屋代の表記はしなの鉄道の駅名「屋代」「屋代高校前」として残っている。

謙信と信玄が川中島で激突した理由

上杉謙信。越後国の守護上杉氏の守護代長尾氏に生まれ、長尾景虎と称したのち、名門上杉氏の名跡《みょうせき》を継いで上杉政虎、さらに輝虎《てるとら》と名を変え、出家して法体《ほったい》（僧侶の姿）をとり不識庵《ふしきあん》謙信と号したことから上杉謙信と称される。

武田信玄。甲斐国の守護武田氏に生まれ、武田晴信と称したのち、やはり出家・法体をとり徳栄軒《とくえいけん》信玄と号する。

両者が北信濃の覇権をめぐり争った「川中島の戦い」と呼ばれる合戦は、天文二二年（一五五三）から永禄七年（一五六四）にかけて数回にわたって勃発しており、謙信はこの間、姓を長尾から上杉、名を景虎から政虎、輝虎と改め、信玄は晴信を名乗っていたが、混乱を避けるため、以下、上杉謙信、武田信玄と呼ぶことをご承知おき願いたい。

さて、明らかに起こったとされている「川中島の戦い」は五回を数える。善光寺平の南側で、犀川が千曲川へ合流する地点から広がり、山々に区切られた大きな三角地帯が川中島である。更級郡のこの平原で二大勢力は激突した。

川中島が戦場となった理由はなんだろうか。

まず、考えられるのは、軍略を駆使しやすく指揮統率を取りやすい地理的条件が備わっていることではないか。

平原では軍勢の展開が容易となる。上杉・武田のように大軍勢を率いる場合はなおのことだ。そして、千曲川が自然の要害となる。山間に開けた平地の中央を蛇行して流れ、川幅は広く深い淵があり、浅い小石の広がる上を流れる瀬もある。川をはさんで両軍が対峙すれば、よほどのことがない限り、敵軍からの急襲を受けることはない。さらに平原をはさみ込む山地が東にも西にも途切れることなく連なる。要塞と戦場の両方を備えた地形なのである。

そして、この地は謙信にとっても信玄にとっても、重要な意味を持っていた。関東への勢力拡大を意図していた謙信にとっては、越後から甲斐・上野《こうずけ》を結ぶ交通の要衝であり、信玄がこの地を押さえれば謙信の動きを封じて、北信濃から越後国をうかがう起点となりえたのである。

激戦となった「第四次 川中島の戦い（八幡原《はちまんばら》の戦い）」

永禄四年（一五六一）の「第四次 川中島の戦い（八幡原の戦い）」は、戦国史に残る激戦となった。以下、この戦いの具体的な経過を記した『甲陽軍鑑』などをもとに紹介する（『甲陽軍鑑』は読み物として楽しまれた軍記物で、信頼性に欠けることが指摘されているが、このほかに具体的な経過を記した史料は存在しない）。

謙信率いる上杉軍一万三千は、犀川と千曲川を渡り、善光寺平南方の妻女山《さいじょさん》に陣を布《し》く。対する信玄率いる武田軍二万が初めに陣取ったのは、善光寺平西方の茶臼山《ちゃうすやま》だったが、のち武田方が守る海津城に移った。

数の上で優勢な信玄は、軍師山本勘助らの進言を受けて、全軍を二つに分け、一軍が妻女山の上杉軍を八幡原（更級郡小島田）に追い立て、もう一軍が待ち受けて挟撃する策を講じた。いわゆる「啄木鳥《きつつき》の戦法」である。夜間、一万二千を妻女山後方の尾根伝いに進軍させ、信玄率いる本隊八千は夜明け前に海津城を出て、八幡原に陣取った。

　しかし、上杉軍は妻女山から眺めを利かせ、武田陣からいつもに増して、炊飯の煙が上がるのを見て武田軍が動くと判断。妻女山に百人だけを残し、夜陰に乗じて密かに妻女山を下り、雨宮の渡しから千曲川を対岸に渡って、八幡原で夜明けを待つ。

　決戦の日、八幡原は霧に煙っていた。朝方、霧が晴れると、武田軍の目の前に上杉軍がいる。動揺した武田軍八千に上杉軍一万二千が襲いかかった。

　上杉軍にとっては千載一遇の好機。信玄を討ち取りたい。武田軍は妻女山の別動隊が応援に駆けつけるまで持ちこたえ、逆転の挟撃で勝利したい。まさに両軍竜虎の如く、戦いは熾烈をきわめた。

『甲陽軍鑑』には、謙信と思われる騎馬武者と信玄の一騎打ちが描かれている。

　萌黄《もえぎ》（鮮やかな黄緑色）の胴衣を着た武者が頭を白衣で包み、月毛の馬に乗って三尺（約九十センチ）ばかりの刀を持って、床几《しょうぎ》に座った信玄に、一文字に馬を乗り寄せ一刀切っ先をはずし、三刀切り掛けると、信玄はこれを鉄の軍配団扇《うちわ》で受ける。

『川中島合戦図屛風』（一騎打ちの部分）　提供／長野県立歴史館

「親方様危うし」と中間頭《ちゅうげんがしら》が、月毛の武者を槍で突くが外す。すかさず馬の後ろを叩くと、馬は棒立ちになるや走り去った。

鉄砲が普及する前の力と力がぶつかりあう戦いで、目の前の敵の生々しい叫び声、金切り声、大地に悶える兵士のうめき、槍と槍の不気味な音、馬のいななきが戦場に響き渡ったことだろう。平時は穏やかに農作業に勤しむ雑兵も、死と隣り合わせの興奮と熱狂にとらわれる。

しばらくして、上杉軍は後方から敵の分隊が近づくのを知り、八幡原を駈け去ると、決着がつかないまま戦いは終わった。

武田方では信玄の実弟信繁が戦死し、痛手となった。このしばらくのち信玄が没すると、その跡を継いだ勝頼の力不足がいわれる。勝頼の補佐役となりえた信繁の死は、武田家滅亡を早めることになったのかもしれない。

江戸時代の北信濃、松代藩真田家と更級郡

真田氏は戦国時代を生き抜く真田昌幸の知恵によって家を存続させた。「関ヶ原の戦い」の際、昌幸とその次男信繁（幸村）は豊臣方に、長男信之は徳川方に属することで、どちらが勝っても一族は生き残ることができたのである。

徳川方が勝利したことで昌幸は改易、信繁とともに高野山に流され、さらに九度山に配流《はいる》されたのち没した。信繁いわゆる幸村は、真田氏で最も名の通った武将だろう。昌幸が死去したのち、豊臣家存続のために大坂城に入って真田丸と呼ばれる要塞を築き、「大坂の陣」で獅子奮迅の戦いをして壮絶に死んだ。真田の名声を世に轟かせ、「日本一《ひのもといち》の兵《つわもの》」と評されている。

徳川方についた信之は、上田藩九万五千石を経て、元和《げんな》八年（一六二二）、松城藩十三万石に加増移封された。昌幸の目論見はみごと実を結んだのである。以後、幕末維新まで、真田家は更級郡を含む北信濃四郡を統治していくことになる。

松代藩が治めていた四郡の詳細は、千曲川の流れに沿った東岸の埴科郡、西岸の更級郡、さらに犀川西岸と北岸の水内郡（現在の善光寺周辺、信州新町など）、北信濃の高井郡（現在の小布施町や高山村など）。善光寺周辺は寺社領であり、中野（現中野市）には幕府直轄領があった。さらに更級郡内には隣接する上田藩松平家の飛び地「川中島八ヶ村」一万石もあり、権益は複雑に入り組んでいた。

財政に苦慮した松代藩

幕藩体制を確立した徳川幕府は、全国各地の大名が幕府転覆を企てることがないように、諸藩の財力を削ぐ窮乏策を方針とした。金銭がなければ兵力は増強できない。財政負担の大きい二年に一度の「参勤交代」を義務づけ、江戸に常住する正室と世継ぎを人質とする。江戸城をはじめとした普請《ふしん》工事を申しつけ、さらに財政負担を強いた（結果としてそうなっただけであり、参勤交代、江戸普請に財政負担を強いる意図はなかったという説もある）。また、幕府は石高制を維持し、各藩は農業振興を藩政の基本とした。

藩祖真田信之は蓄財二十万両をもって入封した。このため、当初、松代藩は裕福だったが、三代幸道の頃になると、幕府の手伝普請などによって遺産を使い果たし、享保《きょうほう》二年（一七一七）、松代城下で起こった大火からの復興のため、借財を抱えるまでになってしまった。藩内は自然災害による打撃も多く、対策には苦慮している。

江戸の中期から後期には、畑作物の麦やそば、副業となる綿や菜種栽培、養蚕《ようさん》などを奨励し、機織《はたお》りものに使われる綿や絹、灯り油となる菜種は、商人により江戸に送られ、街道整備と街道沿いの発展につながった。

福島正則と高井郡

現在、高井郡高山村に福島正則屋敷跡がある。正則といえば、豊臣秀吉に仕え、加藤清正らとともに「賤ヶ岳《しずがたけ》の七本槍」として名を馳せた武将であり、石田三成との不仲から徳川方についた「関ヶ原の戦い」ののち、広島藩四十九万石の大名にまでなった人物。なぜ信濃の山奥に屋敷があったのか。

元和《げんな》元年（一六一五）、二代将軍秀忠は諸大名統制のため、「武家諸法度《しょはっと》」を発布した。幕府に断りなく勝手な振る舞いをするな、ということだ。正則はこの武家諸法度違反を問われた。台風で破損した広島城の一部を幕府に無断で修繕したことを咎《とが》められて、元和五年（一六一九）、信濃国高井郡と越後国魚沼郡併せて四万五千石の高井《たかい》野《の》藩への改易を命じられたのである。

その翌年、家督を継いだ忠勝が死去して魚沼二万五千石を返上した末、寛永《かんえい》元年（一六二四）、正則は高井野（現高山村）で没した。一罰百戒、正則は見せしめにされたというのが実状だろう。

正則の死後、跡継ぎのなかった福島家は断絶、藩領二万石は没収され、幕府直轄領とされた。このため、高井郡は幕府直轄領となり松代藩預《あずかり》地《ち》を経て、松代藩領となっている。

第六章――芭蕉と更級

著者作『千曲川と雪の北アルプス』

江戸庶民文化としての俳諧と松尾芭蕉

戦いに明け暮れた戦国時代が終わり江戸時代に入ると、文化は過去の貴族社会に生まれた形式から解き放たれ、庶民感覚の彩りを添えた民衆文化として開花する。詩歌もその例外ではなく、和歌の一形式であった「俳諧歌」（滑稽味を持ち味とした連《れん》歌《が》）を原型に、室町時代末期に連歌から独立した俳諧は、江戸時代になって広く普及することになる。なお、俳諧は五七五の「発句《ほっく》」のみを指すものではなく、連歌のように複数人の連作よる「連句」、俳文や雑俳《ざっぱい》を含めた俳文芸全般を指し、五七五の発句が俳句と呼ばれるようになったのは、明治になってからである。

江戸時代の俳諧といえば、松尾芭蕉を抜きにして語ることはできない。

芭蕉は、寛永二一年（一六四四）、伊賀上野《うえの》（現三重県伊賀市）に生まれた江戸時代前期～中期の俳人。三十代の頃、江戸で当時一世を風靡《ふうび》していた「談林俳諧」に傾倒し、その後、弟子を取り、宗匠として独立。三十代半ばで独自の「蕉風俳諧」を創始した。各地を旅行して、『野ざらし紀行』『更科紀行』『おくのほそ道』など、多くの名句と紀行文を残している（参考文献：『ブリタニカ国際大百科事典』）。

芭蕉は、未踏地にわらじ旅をしながら五感を研ぎ澄ませ、過去の人々の足跡や心情を肌で感じ、俳句に取り入れていると感じる。歴史の陰に埋もれた人々の声なき声に耳を澄ませ、無情を嘆く叫びを聞くのである。

そして、自らが持つ豊かな語彙《ごい》のなかから、直感的に紡ぐべき言葉を抽出し、十七文字に濃縮して表現する。庶民にもわかりやすい語句を並べながら、そこに込められたものは奥深い。簡潔な五七五のリズム感と感覚の新鮮さは常に保たれている。時代を超えて親しまれ、その名が海外にまで知られるゆえんである。

『更科紀行』　月を追う芭蕉

『更科紀行』は、元禄元年（一六八八）から翌年にかけて執筆されている。

これより四年前の貞享《じょうきょう》元年（一六八四）八月、江戸深川の芭蕉庵を出立《しゅったつ》した芭蕉は、東海道を西へ向かった。前年に亡くなった母親の墓参のためである。その後、東海地方と関西をめぐる詩歌の旅を続け、翌貞享二年、ようやく江戸へ帰った。このときの見聞録が芭蕉最初の紀行文『野ざらし紀行』。

元禄元年（一六八八）、前年の暮れに父母の墓参のために伊賀上野を訪れた芭蕉は、江戸に帰る前に紀伊半島と関西を旅し、見聞は『笈《おい》の小文《こぶみ》』としてまとめられた。

さらに芭蕉は信濃を目指す。これが『更科紀行』の旅である（以下、出典の明示なき引用は『更科紀行』より）。古来、詩歌と月の里である更級に、芭蕉が興味と憧れを抱いていなかったはずはない。数え四十五歳、気力体力は充実していただろう。山深く、険しく長い山路の旅も苦にならない。

著者作『芭蕉の旅路を描いた「冠着山」』

更科の里 姨捨山の月見んこと しきりにすすむる秋風の心に吹きさはぎて ともに風雲の情をくるはすもの またひとり 越人といふ

木曾路は山深く道さがしく 旅寝の力も心もとなしと、 荷兮子が奴僕をして送らす（中略）

高山奇峰 頭の上におほひ重なりて 左は大河ながれ、 岸下の千尋の思ひをなし、 尺地も平らかならざれば 鞍のうへ静かならず

八月十一日、 芭蕉は門下の越人《えつじん》を伴って美濃国を発つと、 美濃から岐阜に入り、 木曾街道を進む。 寝覚ノ床《ねざめのとこ》から桟《かけはし》、 洗馬《せば》（塩尻）を経て、 立《たち》峠（現松本市）を越え、 猿ケ馬場《ばんば》（現東筑摩郡麻績《おみ》村）、 坂城、 姨捨、 善光寺にいたる。 ここまでの道のりは約五百キロメートル。

あの中に 蒔絵《まきえ》書きたし 宿の月
かけはしや 命をからむ 蔦《つた》かずら
送られて 別れつ果ては 木曾の秋

蒔絵は木曾漆器三百年の伝統工芸技法。かけはしは、木曾川沿いの断崖に数百メートルにわたって架けられていたつるで編んだ桟橋で、現在は橋跡のみが残り、「木曾の桟」と呼ばれる名所となっている。

さて、木曾路を過ぎて、塩尻・松本・麻績の長距離間の句がない。八月十一日に美濃を発ち、中秋の名月の十五日に姨捨に着くために、四日間は眠る時間を削り、休む間も惜しんで野宿の強行行脚《あんぎゃ》だ。道は山坂で狭く、現代人でも体力ある山の経験者でなければできないだろう。句を詠む余裕はない。

八月十一日美濃の国を立ち 道遠く日数少なければ 夜に出でて暮に草枕す

なぜ、余裕ある旅立ちができなかったのか。中山道と善光寺街道の道中記が、芭蕉の風趣ある句で埋まれば、『更科紀行』はさらに濃い内容になっただろうにと、惜しまれる。

芭蕉、姨捨の中秋の名月に亡き母を思う

八月十五日、芭蕉は強行行脚の末、姨捨に着き、古くから親しまれた歌枕の地で、中秋の名月を目にする。

思うにたがわず　その夜さらしなの里にいたる
山は八幡という里より一里ばかり南に　西南によこをりふして　すさまじう
高くもあらず　かどかどしき岩なども見えず　ただ哀れふかき山のすがたなり
「なぐさめかねつ」　と言いけむも　理《ことわり》　知られて　そぞろに悲しきに　何ゆえにか
老いたる人を捨てたらむと思うに　いとど涙落ちそいければ

予定通り、姨捨に着いた。

姨捨山は八幡という里より一里ばかり南に、西南に横たわり、すさまじく高くもなく、ごつごつした岩なども見えず、ただしみじみと胸にせまる姿である。

「わが心慰めかねつ更級や姨捨山に照る月を見て」（『古今和歌集』詠み人知らず）と

詠んだ理由がよくわかり、無性に悲しく、どうして老いた人を捨てたのかと思うと、涙が頬を伝ったので……、そう前置きして、芭蕉は句を詠んだ。

おもかげや 姨ひとり泣く月の友

姨捨山の句でありながら、「おもかげや」で始まる。今昔物語の老婆の姿とするのが一般的な解釈であろうが、その姿を脳裏に浮かべたとするには無理があるのではないか。身近な人物の面影であろう。今昔物語の「姨」のおもかげに、「亡き母」のおもかげが込められているのだ。

芭蕉は、これ以前の『野ざらし紀行』に、伊賀上野に帰郷した際、母親の遺髪を手にして詠んだ句を載せている。

手にとらば消えん 涙ぞあつき 秋の霜

秋の霜は、白くなった遺髪の隠喩《いんゆ》。手にすればサラサラと消える心境を表す。

一方、姨捨山の句を詠んだのは、十五夜、中秋の名月。林田孝和氏が示す古くからの月の考え方のひとつ、「人を偲ぶことによって霊が出現する場」である。芭蕉は中秋の名月から放出される光、その光に宿る霊を招来する力を、すでに学び知っていたかと思われる。

作句のない空白期間のなぜ？

善光寺街道の「洗馬（塩尻）→松本→麻績→姨捨」を急ぐあいだ、芭蕉は句を詠んでいないことを先に記した。木曾ではよい句が数点あり、旅路ものんびりしているが、突如姨捨にいたるまで皆無となる。強行軍ゆえである。では、なぜそこまで急がなければならなかったのか、信州大学名誉教授、故宮川康雄《みやがわみちお》氏の論考「『更科紀行』の旅程」を参考に私見を述べてみたい。

「『更科紀行』の旅程」で宮川氏は、芭蕉の体力を勘案し、長距離を踏破する無謀な旅程が実際に可能であったことを解明している。この点を指摘する研究者の方々は多いが、句作のない空白期間についての論考は寡聞にしてないように思う。

『更科紀行』に記されていないだけで、実際は句を詠んでいるかもしれないと考え、洗馬から姨捨にいたる善光寺街道沿いに残る芭蕉句碑を調べてみた。このなかに、芭蕉が越人とともに『更科紀行』の旅に出た元禄元年（一六八八）の句があれば、それは『更科紀行』未掲載ではあるものの、信濃路で詠まれた句かもしれない。

塩尻市洗馬の句碑（昭和五七年建立）。元禄三年（一六九〇）夏の作。

　つゆはれて　わたくし雨や　零ちぎれ

塩尻市郷之原宿、郷福寺の句碑。『おくのほそ道』所収、栃木県那須湯本で詠まれた。

　野を横に　馬曳きむけよ　ほととぎす

塩尻市村井宿の句碑。『野ざらし紀行』所収、貞享元年（一六八四）秋の作。

　霧しぐれ　富士を見ぬ日ぞ　面白き

松本市本町、開運堂の句碑。貞享元年（一六八四）の作。

物言えば 唇寒し 秋の風

松本市大手、四柱神社の句碑（平成一九年建立）。『笈の小文』所収、伊勢神宮参拝の折の作。

何の木の 花とはしらず にほひかな

松本市清水大松寺の句碑。江戸赤坂彦根藩邸で詠まれた、元禄五年（一六九二）十月の作。

けふばかり 人も年よれ 初時雨

松本市会田、岩井堂の句碑（昭和六一年建立）。『更科紀行』所収、姨捨で詠まれた。

身にしみて 大根からし 秋の風

ひょろひょろと 尚露けしや 女郎花

麻績村麻績宿、信濃観月苑の句碑（平成五年建立）。元禄四年（一六九一）の作。

しばらくは 花の上なる 月夜かな

麻績村弘法清水の句碑（昭和三八年建立）。『蕉翁句集』（土芳編）所収、貞享四年（一六八七）の作。

さざれ蟹 足はひあがる 清水かな

以上、『新更科紀行』（田中欣一著、信濃毎日新聞社）を参考に、『更科紀行』未掲載の句がないか検証してみたが、句碑に記された句は、いずれも詠まれた時期や場所が『更科紀行』の句作空白期間とは一致せず、やはり洗馬から姨捨までの旅路で詠まれた句はない。

では、なぜ芭蕉と越人は、「夜に出でて暮に草枕す」ほどの無理をして、道中、句を詠むことなく、八月十五日に姨捨に着くことを目指したのか。

姨捨の十五夜の観月のためであったのは間違いないだろう。もちろん、歌枕として知られた姨捨の月は、俳諧師芭蕉にとって重要な月の名所である。だが、洗馬にいたり、善光寺街道を前にして、「亡くなった人を偲ぶことによって霊が出現する場」であることに思い当たったのではないか。そして、昼夜兼行し、駕籠や馬の背を利用してまで姨捨への道を急いだ。

『更科紀行』冒頭の「更科の里　姨捨山の月見んこと　しきりにすすむる秋風の心に吹きさはぎて」では、十五夜の月とは言っていない。出立の折には、十六夜の既望《きぼう》、あるいは十七夜の立待月《たちまちづき》に間に合えばよいという気分が見えるような気がする。善光寺街道にさしかかったとき、十五夜の月を強く望んだ。そのきっかけがなんであったのか、時と場のめぐり合わせとしか言いようがない。

ともかく、芭蕉は是が非でも、姨捨で十五夜の満月を見たかった。母の霊を招来したかった。この思いに駆られ、寝る時間を惜しみ、山道を強行して姨捨にたどりついたのではないか。芭蕉が姨捨の名月を詠んだ句をもう一度見てみよう。

おもかげや　姨ひとり泣く　月の友

捨てられた老婆が悲しんで「泣く」姿に亡き母を重ね、「泣く」自分自身の姿と、「亡く」母が三重に重ね合わされた掛詞《かけことば》に苦心があり、容易には理解できない芭蕉の思いが込められている。芭蕉が洗馬から姨捨までの道中、句作を諦め、姨捨での十五夜を大切にして旅を強行した理由がここにあるのではないだろうか。

三夜続けて月を見る

芭蕉が姨捨を訪れた元禄元年八月十五日は、太陽暦（グレゴリオ暦）のいつに当たるのか、国立天文台に調べてもらった。九月一日だという。北信濃はまさに秋に入り、空気は乾燥して空は澄み渡り、虫の音が聞こえる。月は輝きを増し、月光は大地に降り注がれる。銀箔ともいえる世界だ。

門下の越人が「さらしなや　三夜《みよ》さの月見　雲もなし」と詠んでいる。十五夜から十六夜（既望）、十七夜（立待月）まで、三日間雲もなく名月を愛でた。姨捨で天候に恵まれ、満願かなった宵に、芭蕉は安堵したことだろう。

十六夜《いざよい》も　まだ更科の　郡《こおり》かな

「更科（さらしな）」と、まだ「去らない（さらない）」が掛詞。

ひょろひょろと 尚露けしや 女郎花《おみなえし》

中秋の名月の頃、花開く秋の七草。『万葉集』の時代から愛された。露に濡れ倒れながらも花を咲かせる可憐さを芭蕉は詠んだ。

女郎花の花

身にしみて 大根からし 秋の風

更級の山間地は、扇状地で土壌はよいが、小さな石が混じる。丘陵地は稲作には不向きで畑に利用された。「大根からし」の大根は、辛み大根、ねずみ大根などと呼ばれている。すりおろし、その汁だけを利用した特産の料理があり、一口飲んだら胃がけいれんを起こすほどやたらと辛い。芭蕉は江戸の練馬大根と同じように、ごくりと飲んだのだろうか。

激辛大根おろし汁、おしぼりうどん　提供／千曲市教育委員会

大根収穫期の更級は日暮れが早く、肌寒さを覚えると肌掛けを身にまとう。囲炉裏端には鉄鍋が用意された。

江戸時代の更級は極貧質素、山間の集落や小作農家が多く、米の年貢はほとんど藩に納めていたため、米飯は食卓に上らない。主食はおやきだった。水で小麦粉を練った生地で、野菜や味噌を混ぜて団子状にしたものを包み、囲炉裏端の熱い灰の中に埋め、焼けたおやきを手で叩いて灰を落とし、家族で食べる。芭蕉も更級で同じものを食べたのかもしれない。

余談だが、辛み大根汁の現代の食べ方は、椀の大根汁に、味噌、ねぎ、みょうが、柑橘の刻みなどを混ぜ、辛みを抑える。冬は煮え立つ鉄鍋にうどんを煮込んで、辛み汁椀に入れて食べると体がほかほかと温まる。現代のおやきは、信州名産品となり、美味しく、衛生管理よく鉄鍋を使う。具に野菜が入っているので、健康的な料理として見直されている。

姨捨山を下ると、八幡の宿場がある。江戸の高名な俳人が信濃を訪れているという噂を聞きつけた地元の主だった人々によって、客人をもてなす宴会が開かれた。

閉ざされた江戸社会の山村では、山の幸や川の幸を鉄鍋料理で供し、酒を酌み交わすひと時が、見も知らぬ土地の情報と知識に触れられる得がたい贈りものであった。芭蕉にとっても、旅中、地域の知識人から情報収集する大なる機会だ。重ねた体験は知識となり、創造の源となる。

休養は十分取れ、英気を養った。衣服を繕い、身だしなみを整え、新しいわらじに履き替えて宿を出れば、大きな社、八幡宮（武水分神社）が目に入る。木曾義仲が平家との戦に臨む際、この神社に戦勝祈願して、自軍の三倍の平家軍に挑み、勝利した話を村人から聞いたであろう。

芭蕉は観月のあとはおそらく山道を北に半里ほど下り、麓の地に鎮座する八幡宮附近

に宿をとったものと推測してよいであろう。（中略）

殊に義仲の合戦の史実は、『平家物語』にも記述（巻第六「横田原の合戦」）がみられるところであり、平曲の名手であった越人はもとよりとして、芭蕉も義仲の生涯にとりわけ深い関心を寄せていたところから、おそらくはそのことを知っていたであろう。そうした芭蕉は、当地に来て義仲の当社祈願のことなどを聞く機会をもったとしたら、この八幡宮への関心をいっそう強められたに相違あるまい。

『信州大学人文科学論集』「第16号」所収、宮川康雄「『更科紀行』の旅程」より

信濃のうどんとそば事情

更級郡は千曲川の西側一帯を占め、善光寺の手前を流れる犀川までを区分とする。千曲川の東側は埴科郡で松代城（信玄が戦に使った海津城）がある。芭蕉は善光寺街道を歩き、善光寺に向かった。旅中の食事処はうどん、そばとなる。

少し脇に逸れるが、信濃国における小麦とそばの栽培について触れておきたい。う

どん、そば、おやきが信州名物となったのには歴史的背景があるのだ。

麦は米と同じ頃に日本に入っている。松代藩は稲作の裏作として小麦栽培、つまり二毛作を奨励していた。小作農家は土地所有者地主（庄屋、名主といわれ、代官の下で年貢の取り立てもやる）から農地を借り、収穫米は年貢の取り立てにあって、小作の口には入らない。小麦粉やそばで飢えをしのいでいた。

麦の脱穀・製粉に使う器具はなかなか普及せず、ようやく江戸時代になって石臼が大量に生産されて、小作農家にも行き渡り、粉物の料理が食べられるようになった。小麦やそばを挽くための石臼を備えた水車小屋は、山坂と雪解け水の流れる川が豊富な信濃国の地理的条件を利用して広がった。

信濃国柏原出身で、江戸時代を代表する俳諧師の一人、小林一茶が更級の名産であったそばの句を詠んでいる。

更級や　そばの主や　小夜きぬた

痩せ山に　はつか咲けり　そばの花

更科も　さらに及ばぬ　そばの花

そばは また花で もてなす山路かな

＊きぬた＝石の台

やはり江戸時代を代表する俳諧師、与謝蕪村の句。萩の赤色、更科（更級）のそばの白色を詠む。夏に咲く更科そばの白花は目に眩しく、白色の代名詞であったことがうかがえる。

宮城野の萩 更科のそばにいづれ

麦の収穫後には麦わらが副産物として残る。長さ六十センチほどのストロー状の茎は農家のわら葺き屋根となった。耐久性は十五～二十年が限界で、屋根の葺き替えは、天候を見ながら半分、次は残り半分。麦わらの香りと黄金色で、村の中でひときわ目立つが、半年後には色あせる。

ついに麦わらは使われなくなってしまったが、丈夫な茅葺きの屋根は、材料がススキやスゲで、大量に集めるのは苦難だが、耐久性はよく、継続性に富む。

麦畑とわら葺き屋根

わら葺き屋根の画家、故向井潤吉は、「昭和の高度成長下で次々壊されて全部なくなった」と嘆いていた。

芭蕉、義仲の足跡に触れる

さて、更級八幡を発った芭蕉は、千曲川を右手に見ながら稲荷山町に入る。江戸時代は物資の行き交う問屋街として、蔵が並び建ちにぎわっていた。現在は古い蔵のある町並みの保存に力を入れている。

善光寺街道が北国街道と合流するあたりが、義仲軍と平家軍が一戦を交えた「横田河原の戦い」の地である。意気高らかに奮戦する義仲の姿が、芭蕉には見えたのだろうか。

横田城跡は今もあるが、土が盛られ、草と大木は虫食いの放置状態、あまりにも貧相である。この地域では義仲は話題にすらならず悲しい現状だ。義仲がこの地で戦い、勝利した事実を知らしめ、「朝日将軍義仲」を誇れる地であればと願うばかりだ。芭蕉は北国街道を北に向かい、やがて川中島に入る。第四次「川中島の戦い」は、当時も今も広く知れ渡っていた。上杉・武田の戦場地は、今では大観光地へ変貌している。芭蕉は何もないかのように通りすぎた。

交通の要衝であった川中島周辺の領主が抱えていた領民は、上杉・武田両軍からの威圧強要で、若い領民たちを戦場へ駆り出され、彼らは犠牲となった。両軍併せて、負傷死者二千〜三千人ともいわれている。田畑は踏み荒らされ、地域のためにならず、歓迎されないことだった。

芭蕉ら二人は、ようやく犀川まで来た。「丹波島の渡し」を渡れば、川の向こうは水内郡。善光寺がある。

丹波島の渡しは、北国街道を経て江戸と国許《くにもと》を行き来する大名たちや、善光寺の参詣者らの歴史を刻んできた。小林一茶がこの丹波島の渡しの句を詠んでいる。

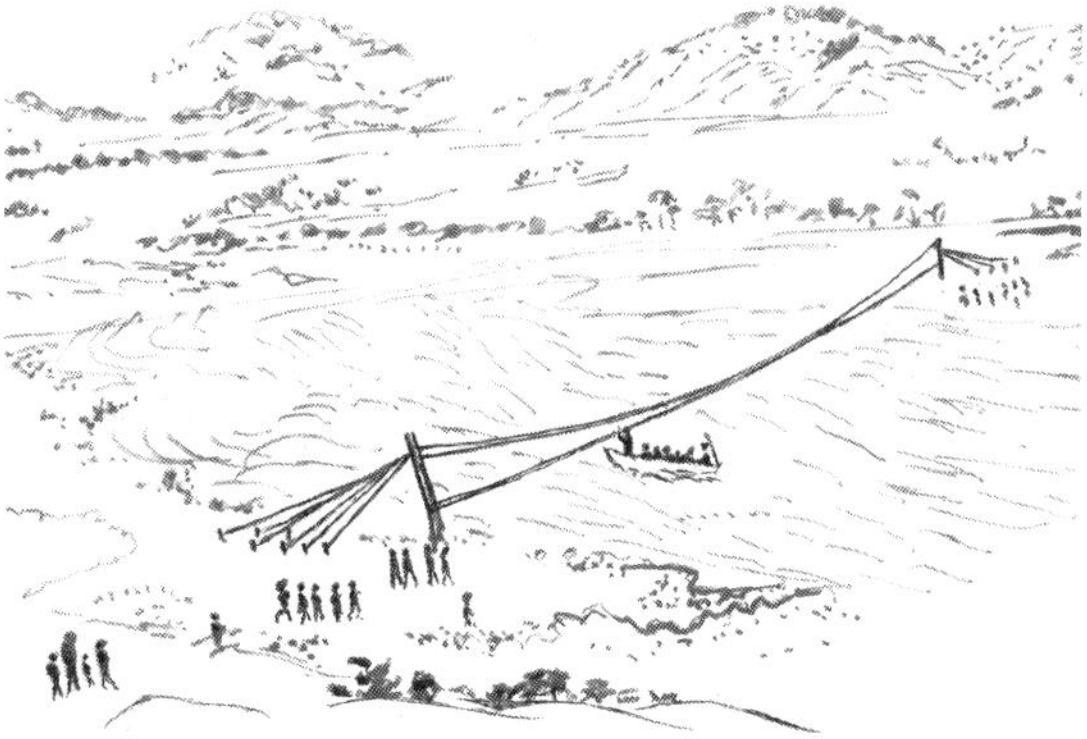

犀川渡船図（善光寺道名所図会）手前が更級郡と善光寺。
『更級埴科地方誌』「第三巻　近世編　上」より模写

霞たもうや 善光寺

丹波島の渡しには、岸から岸まで麻縄が張られ、船頭は手を掛けながら船を進める。松代藩が渡しの人足を出して、船賃は水の流量によって三段階で決められていた。通常一瀬、十文。犀川は松本方面から、山あいを縫って流れ下り、善光寺の前を過ぎて千曲川と合流。小布施、飯山地域へと流れ行く。明治二三年（一八九〇）、ようやく木造の橋が架けられた。

芭蕉、善光寺へ

芭蕉は善光寺街道沿いを北へ歩みを進める。
善光寺といえば、信濃国のみならず諸国に名を

千曲川平和橋（1982 年当時）

馳せた由緒ある寺院で、善光寺信仰の広まりとともに、江戸時代には「善光寺参り」が流行した。

寺伝によれば、善光寺の創建は、飛鳥時代の皇《こう》極《ぎょく》天皇三年（六四四）。本尊である「善光寺式阿弥陀三尊」は、百済伝来のものと伝わる。

欽明《きんめい》天皇一三年（五五二、異説あり）、欽明天皇へ百済の王（聖明王）から仏像と経典が贈られた（仏教公伝）。天皇が仏教受容の可否を問うと、崇仏派の蘇我氏と、廃仏派の物部・中臣氏との間に「崇仏・廃仏論争」が起こったため、天皇は蘇我氏に私的な崇拝に限って仏教の信仰を認める。ところが、この直後、疫病が流行し、これを仏教信仰によるものと断じた物部氏は、難波の堀に仏像を投げ捨てた。

その数十年後、信濃国の本田善光という者が、この仏像を堀から拾い上げて信濃国に持ち帰り、祀って礼拝したのが善光寺の始まりだという。

日本において仏教が諸宗派に分かれる以前からの寺院であるため、善光寺は一宗一派に偏らず、あらゆる宗派に門戸を開いている。

月影や　四門四宗も　ただ一つ

善光寺の広大な境内には、仁王門、三門、本堂、経蔵、鐘楼が壮大な伽藍を形成し、昼は参詣人でにぎわう。下駄の行き交う音や子供の騒ぐ声、参詣旅姿の群れとざわめき……宵闇が迫り来るにつれて、こうした人の気配は消えていき、境内の通路や中庭が何倍にも広くなる。重なりあった境内の大木が寺のまわりに影を落とす。

善光寺門前、町人の動きは日の出に始まり、夕暮れ前には戸が閉まる。夜は行燈、蝋燭、月明りに頼るのみ。町は暗闇に閉ざされる。だが、月の明かりが闇を打ち消し、伽藍の姿を浮き上がらせる。

芭蕉は時を忘れ、鮮やかな色彩の世界から、月の光が照らす陰影のはっきりした世界へ移り変わるさまを見ていたのだろう。「ただ一つ」の短い言葉の内に、俗世間が遠のいた音もない小宇宙があるようだ。

「四門」は、天台宗では真理にいたる四つの立場、密教では曼陀羅の四方の門を指す。また、「四宗」とは、浄土宗、禅宗、真言宗、律宗を指すとか、天台宗における円密禅戒の「四宗兼学」ではないかなど、芭蕉の「四門四宗」が何を指すかは不明だが、一宗一派に偏らない善光寺を讃えた句であることは、間違いないだろう。

芭蕉は善光寺を発ったのち、江戸への帰路につく。小諸、軽井沢、碓氷峠間は山越えが数あり、雄大な活火山浅間山を望む。浅間山を詠んだ句で『更科紀行』は完結している。

吹き飛ばす　石は浅間の　野分かな

芭蕉の代表句

よく親しまれた松尾芭蕉の代表的な句は数ある。庶民感覚が表れた句の一例を挙げてみた。

道野べの 木槿《むくげ》は馬に 食われけり
山路きて 何やらゆかし すみれそう
古池や かわず飛び込む 水の音
花の雲 鐘は上野か 浅草か
五月雨を 集めてはやし 最上川
物言えば 唇寒し 秋の風
秋深き 隣は何を する人ぞ

京都伏見大津の山路にて　四十歳
四十二歳
四十四歳
『おくのほそ道』
四十歳
五十歳

旅に病んで　夢は枯野を　かけめぐる

死の直前　五十歳

『おくのほそ道』の旅

『更科紀行』の旅の翌元禄二年（一六八九）、芭蕉は曾良とともに、東北・北陸をめぐる旅に出る。『おくのほそ道』の旅である。旅路の総距離は二四〇〇キロメートルにおよぶ。

大名行列も行き交う、平坦で便利な東海道の旅路ではなく、不便な方面への旅を続けた。『更科紀行』で旅した信濃国は山の中、街道を外せば悪路、急峻な峠越えも数え切れない。豊富な旅の経験と知識があって歩を進めることができる。東北や北陸の旅路も同様であっただろう。

常に俳諧あり。歴史の地を歩んで詠んだ句からは、古の人々の運命が手に触れられるようで、うめき声さえ聞こえる。そして、土地土地の自然のありよう、四季折々で移り変わる自然の厳しさや大らかさが身近になる。

夏草や 兵どもが 夢の跡

源義経自害の地、平泉

閑さや 岩にしみ入る 蝉の声

山形県立石寺

むざんやな 兜の下の きりぎりす

二歳の義仲の命を救った斎藤実盛。義仲と戦う運命とその悲劇

芭蕉の句には、読み手が忘れていた記憶を呼び起こし、詠まれた光景をイメージさせる力がある。言葉のリズムが音や色彩さえもみごとに再現し、歴史的場面や緑豊かな景観が現前する。そして、巧みな掛詞が単純に見える描写に深い意味を与え、そこに込められた歴史への哀惜の情が読み手の心を揺さぶる。

芭蕉は晩年、大坂で病に伏す。元禄七年（一六九四）、五十歳で世を去り、滋賀県大津市、琵琶湖湖畔の義仲寺《ぎちゅうじ》に葬られた。義仲はいうまでもなく、芭蕉が心をよせ

た悲劇の武将木曾義仲。「義仲公の墓の側らに葬ってほしい」という遺言どおり、義仲の墓の隣に眠っている。

第七章――芭蕉、一茶、北斎の経済

著者作『北信濃の冬』

文化の基盤は経済

徳川政権下の身分社会について、かつては暗黒の封建社会のイメージで語られることが多かった。近年、こうした否定的な歴史評価は覆されつつあるが、現代と比べれば、はるかに窮屈な統制が図られた社会であったことに間違いはなく、階級社会の秩序を乱さないという限定付きの「自由」「平等」しかなかった。

この時代の文化人は、いかにして自らの活動に資するものを得ていたのか、信濃国松代藩領四郡にかかわりをもった三人の文化人を例にとって見ていきたい。

その三人とは、水内郡柏原に生まれ、埴科郡で活躍した小林一茶、ここまで再三触れてきた『更科紀行』で更級郡を訪れた松尾芭蕉、高井郡小布施の高井鴻山《こうざん》と交流を持ち、晩年の画業生活をこの地で送った葛飾北斎である。

三者三様ながら、いずれも自身の才能を生かす道に専心し、赤貧に甘んじながらも、己の生きざまに誇りをもって自由に創作し、残された作品は身分を超えてあらゆる階層に、平等に好まれた。

一茶の「共感を呼ぶ力」

小林一茶。宝暦《ほうれき》一三年（一七六三）、信濃国水内郡柏原の中農の子として生まれ、十五歳のとき江戸へ奉公に出て、のち俳諧と出会う。松尾芭蕉、与謝蕪村と並び称される江戸時代を代表する俳諧師の一人。一茶が活躍した時期は、芭蕉の時代から約百年後である。

略年表風に一茶の生涯について触れてみよう。

三歳で母が死去、二度目の母が来る。十歳のときに弟が生まれて子守。

　我と来て　遊べや親の　ない雀

十五歳で江戸へ出て奉公。二十五歳のとき俳諧の道に入る。

　春立つや　弥太郎改め　一茶坊

関西、四国、九州をめぐる長旅に出る。三十九歳で帰郷。父を看病するが他界。

寝姿の 蠅《はえ》追うも 今日限り

血縁なき家族の家を離れ、再度江戸へ出たが、放浪する五十二歳。父のわずかな遺産を当てに帰郷、隣村のきくと結婚。

這え笑へ 二つになるぞ 今朝からは

十年後、妻子に先立たれる。

一茶は三十歳のとき、伊予国（現愛媛県）松山で長逗留している。松山で造り酒屋を営んでいた財力者に厚遇されたのである。この造り酒屋の主人は自ら樗堂《ちょどう》と号するほど俳諧を好み、一茶は松山の俳人たちとの交流をもち、当地の俳諧に影響をもたらした。よく知られた次の句は、松山の大林寺「蛙《かえる》合戦」から生まれたものだ。

痩せ蛙 負けるな一茶 是にあり

このほかに松山で詠んだ代表句。

門前や　何万石の　遠かすみ
人の気を　花に乗せゆく　桜かな

「伊予の高嶺」と称された石鎚山を詠んだ句。

冬の月　いよいよ伊予の　高根哉

一茶の歩いた四・五キロメートルほどの道は、散策路として整備され、「一茶の道」と命名されている。平成の頃、松山観光で道後温泉公園にある子規記念博物館を訪れた折、小林一茶展の催事幕が掲げられていた。四階建ての館内の三階まで一茶一色で、長野が地元の一茶であるが、これを凌駕する人気と見受けられた。

一茶は、自らを乞食（僧侶の乞食行を意味し、単なる物乞いではない）と卑下するほど、日々の生活には苦難した。一茶のような才人を支えたのは、財力のある商人たちで、江戸時代の庶民文化は、旦那衆の庇護によって成り立っていたといえる。一茶は理解ある人々の庇護のもと、信濃から江戸、はるかな伊予まで足を運んだ。

是がまあ、終《つい》の棲家《すみか》か 雪五尺
大の字に 寝て涼しさよ 淋しさよ
雀の子 そこのけそこのけ お馬が通る
名月を 取ってくれろと 泣く子かな

参考文献：『一茶』（一茶記念館編、俳諧寺一茶保存会）

一茶は生涯を通じて、江戸、房総（現千葉県）、関西、四国、九州と旅すがら、さらに信濃に帰郷してから、富裕層を中心とした俳人との結びつきを大切にした。一茶の句には、「一茶調」と評される独特の愛らしさとともに、生い立ちの悲しみが漂う。この共感を呼ぶ力こそが彼の経済力の礎であった。

芭蕉を支えた「人の輪」

月日は百代《はくたい》の過客《くわかく》にて 行くかふ年もまた 旅人なり

「月日は、永遠の旅人であり、次々に移りゆく年もまた旅人のようなものである」『おくのほそ道』、俳諧の旅に先立つ、冒頭の有名な一文である。

この旅には、相当な決心が必要だったはずだ。長旅に耐え得る気力と体力、先の見える経済力がなければ成り立たない。支援者の顔がわかるネットワークが芭蕉の脳裏にあればこそ、行き倒れすることなく、未踏の地で湧きあがる創造の喜びを感じ、有意義な旅ができた。

芭蕉には彼の俳諧を慕う数多くの弟子がいた。「蕉門十哲」と称された室井《むろい》其角《きかく》、服部嵐雪《らんせつ》、向井去来《きょらい》、内藤丈草《じょうそう》、森川許六《きょりく》、杉山杉風《さんぷう》、各務《かがみ》支考《しこう》、志太野坡《やば》、越智《おち》越人《えつじん》、立花北枝《ほくし》……この顔ぶれを見るだけで、武士、医師、職人、商人など、あらゆる身分と職業が並ぶ（ここに挙げた十人は与謝蕪村によるもの。蕉門十哲の十人が誰に当たるか諸説あり、『おくのほそ道』に同道した河合曾良《そら》ほか、相当数が挙がる）。

こうした江戸における門人以外にも、地方各地に豪農を中心とした門人がおり、深川の芭蕉庵を提供した杉山杉風をはじめとして、彼らは進んで師匠である芭蕉の俳諧師としての活動を支援したのであった。

二千四百キロメートルにもおよぶ旅路では、わらじの下に荒れた山道を感じ、雪雨に耐え、あらゆる苦難を経験したことだろう。これを乗り越えた五七五の句作に人は深く感動する。芭蕉自身はこのことをよく理解していた。

芭蕉の葬儀には、三百人の門人が集まったという。人の輪こそ、芭蕉を支えた経済力だった。そして、身分に隔てのないこの輪の中で、多くの俳仙、俳人が育っていったのである。

北斎と信州小布施《おぶせ》の豪商

葛飾北斎。宝暦一〇年（一七六〇）、江戸本所割下水《ほんじょわりげすい》（現東京都墨田区）に生まれる。父は武家の出であったらしいが詳細は不明。幼少の頃より絵を好み、十代で浮世絵師勝川春章《かつかわしゅんしょう》に入門。三万点ともいわれる作品を残した江戸時代後期の浮世絵師。

葛飾北斎　冨嶽三十六景『神奈川沖浪裏』

北斎の名が広く知られるようになった四十代後半から売れっ子となり、並の浮世絵師の倍の画工料を得ていたにもかかわらず、金銭に無頓着ゆえの赤貧で着るものにも不自由していたらしい。

北斎の名を不動のものとした連作錦絵「冨嶽三十六景」は、七十代で創作された。現代風にいえば、観光ポスターのようなもので、その発想は時代を超越している。

この連作中の一図『神奈川沖浪裏』は、今や世界的に知られる名画と評価され、北斎は米国の『ライフ』誌が選ぶ「この一〇〇〇年で最も重要な功績を残した世界の人物一〇〇人」（一九九九年）に、日本人としては唯一ランクインしている。

天保《てんぽう》一三年（一八四二）、八十三歳の北斎は、信濃国水内郡小布施にはるばる歩き着いた。小布施の豪商高井鴻山《こうざん》を訪ねたのである。この年齢の老画家に、江戸から信濃までの長旅をさせた理由はなんだったのか？　そもそも鴻山との接点はどこで生まれたのか？

信州小布施北斎館の『北斎研究所　研究紀要　第三集』、金田功子氏の論考「葛飾北斎と信州小布施　史資料からの解明その③　北斎の友人　十八屋小山文右衛門とはいかなる人物か」によると、小布施の商人で屋号「十八屋」と称する者が天保四年（一八三三）に江戸に店を出したことが、小布施と北斎をつなげたらしい。

北信濃では山間の畑作地に綿花や菜種が作付けされ、特産品となっていた。これを綿織物商品とし、上田紬やら他品目も組み入れ、十八屋は江戸に呉服店を出した。この店の二代目虎之助は、高井鴻山と同年齢の小布施育ち、いわゆる幼馴染である。そのよしみで鴻山は江戸の虎之助をたびたび訪れる。

一方、虎之助の父である十八屋小山文右衛門は、店の宣伝のため、北斎に手拭の下絵を依頼して商売に使い、また、「雲竜図」「和漢山競図」の創作を依頼するなど、北斎と十八屋の交流があったことがわかっている。

このような事情から、北斎は鴻山と面識をもち、その人柄や知識から文化への共感者と認めるにいたり、その仲はお互いを尊重し合うほどに発展していったのだろう。

当時としては超高齢者の部類である北斎であったが、画業に対する熱意は衰えない。北斎にとって日々の安寧よりも、自由に創作活動に没頭できる境遇こそが望ましい。鴻山の招きに応じて小布施を訪ねたのだろう。幕府による天保の改革で、江戸では錦絵の制作が制限されたことも影響したのかもしれない。

北斎は時代を超越した天才である。そして、北斎の才を認めた鴻山が北信濃に生まれ、その遺志を継ぐ信州小布施北斎館がこの地にあることは、北信濃の誇りである。

さて、現在の北斎作品の価値はどれくらいなのか調べてみた。二〇二一年、米国クリスティーズでオークションに掛けられた『神奈川沖浪裏』の落札価格は百五十九万ドル超（当時約一億七千万円）であった。

これに対して、ＮＨＫのテレビ番組が算出した、北斎七十代の年収は現在の価値にして九十二万円。この額が正しいとすると、売れっ子浮世絵師といえども、やはり江戸時代の庶民の暮らしは貧しい。極貧であろうが好きな画業に打ち込んだ、日本の誇る世界の北斎に対する敬服の念はより一層深くなる。

三者の才能

芭蕉、一茶、北斎の三者は、生涯たゆまぬ努力によって現代の貨幣価値では計り知れない作品を生み出した。身分制度に規制されず、身分の別なく多くの人々から愛され、時代が移り変わろうとも、その価値は変わらない。「心」と「直感」をもとに天賦の才に従って、事を成就したことに驚かされ、江戸時代の奇跡を思う。これほどの人物たちは今後の日本に現れるだろうか。

アップルの創業者スティーブ・ジョブズ（二〇一二年、アップル社の時価総額は世界一位、五十六歳の短命であった）の言葉は、この三者にこそ当てはまる。

Most important have the courage to follow your heart and intuition.

「最も重要なのは、自分の心と直感に従う勇気を持つこと」

第八章——更級郡、庶民の生活環境

著者作
『稲荷山土蔵群』

松代藩の税制度

米を経済活動の指標とし、土地の価値も米の収穫高で測る「石高《こくだか》制」をとった江戸時代の農民が納めた税は、田畑にかかる「年貢（本年貢、本途物成）」が中心であった。このほかに「諸役《しょえき》（小物成《こものなり》、夫役《ぶやく》など）」があり、このうち小物成は田畑以外にかかる税、夫役は労働で納める税である。

年貢は商工業者や漁業者にはかからない。これらを生業とする人々にかけられたのが「運上（運上金）」や「冥加《みょうが》（冥加金）」である。一定の税率を定めて課税したものが運上であり、特定の免許を与える代わりに税率などの定めなく、必要に応じて上納させたものを冥加（冥加金）と呼ぶが、時代が下るにつれて運上・冥加の明確な違いは失われていったようだ。

社会の安定とともに流通経済が発達すると、身分階級の最上位である武士を軽々としのぐほどの財を成す商人が生まれる。特に江戸や大坂では商業規模が飛躍的に拡大し、運上金や冥加金を課すことは不可欠であり、幕府領では幕府の重要な財源となっていた。

なお、徳川幕府によって全国は統一されたものの、幕府領、旗本領、藩領、寺社領などに分かれていたため、税の種類や税率はそれぞれの領で異なっていたことを、理解しておきたい。

松代藩の税も三種類に大別できる。

①年貢——本年貢、本途《ほんと》物成《ものなり》ともいう。藩が村の名主《なぬし》（庄屋）に農民それぞれの耕作地の石高（収穫高）の割り当てをさせ、名主は収穫物（物成）である年貢米を集め、村の代表責任者として領主である藩に納める。一般に畑地にかかる税は金納の場合が多かったが、松代藩では、畑からの諸々の産物（薪、わら、綿、大豆など）も物納させていた。

②運上・冥加金と小物成——運上・冥加金は、主に商工業者が藩に納めた税金。田畑以外にかかる小物成では、林野業や河川の収穫物は物納であることもあれば、千曲川の鮭漁のように、業者を定めて冥加金を課す場合もあった。

③夫役、課役——労働による税。負担者側から見れば、無償の労働奉仕である。藩が領民に課したもののほかに、幕府が街道整備の一環として、宿場周辺の村落に課した夫役である助郷役《すけごうやく》もあった。

宿場で急に多数（大名行列など）の客が入った場合、人馬が足りなくなることがしばしばある。こうしたことに備えて、あらかじめ近隣の村に馬と人を出す宿場補助が定められ、これは村人の負担で行われた。助郷役を割り当てられた村を助郷村と呼ぶ。松代藩では犀川沿いの丹波島宿周辺の村に多くの助郷が課せられた。

「丹波島宿、矢代（屋代）宿の助郷をさしだす村の規定書」（『更級埴科地方誌』「第三巻 近世編上」より）には、更級郡の下氷鉋《しもひがの》村、青木村、綱島村、真島村、四ツ屋村、小松原村、原村、布施高田村、小島田村、東福寺村ほか村名が列記されている。

検見《けみ》は農村の死活問題

年ごとの天候によって米の作柄は変動する。天候に恵まれた豊作の年もあれば、冷害や病虫害によって不作となる年もある。藩はその年の年貢量を決めるために作柄調査を行った。これが検見である。

代官は農村に行き、選定した田一坪分の稲を刈り取らせ、脱穀させて吟味し、坪当たりの収穫量を算出する（坪刈）。これをもとにした報告書を藩に提出し、この報告書が妥当であれば、村に年貢米の収穫総量が通達され、庄屋は農家それぞれに分担通知を出す。

村にとっては搾取される年貢米は少ないほどよい。代官やその配下への賄賂や接待が横行し、また、役人側から強要することになる。ある村が総出の「おもてなし」で検見に手心を加えてもらえたと知れば、隣の村々もそれにならう。こうして過剰な接待は恒常化することになる。

こうした接待を裏付ける史料が残っている。「大検見様旅宿諸雑用附込帳」および「大検見様御通ニ付人馬割合帳」（『更級埴科地方誌』「第三巻　近世編上」より）によると、嘉永《かえい》五年（一八五二）九月、更級郡五明《ごみょう》村では、検見に訪れた代官一行五名のために宿泊の屋敷が四軒用意された。食料調達から料理雑用係、補助係で十数名、荷物運搬の馬七頭と人足、長持や長荷の担ぎ手、駕籠と担ぎ手などに人足七十五名、すべて村民の負担である。

役人に供された豪華な膳の詳細も記されている。朝昼夜の食事と間食に秋の食材二十品目。松茸一貫三百匁《もんめ》、川魚のなかに千曲川を遡上した鮭もある。総額で八両（四十万円ほど）。このほかに、酒、たばこ、蝋燭、燈籠の芯と油、障子（新規張替）

などとあるのは手土産であろうか。これほどの饗応をしたにもかかわらず、村人には見返りがなかった。

検見にまつわる賄賂、接待は藩にとっても問題で、「高額な品々、不相応である。簡素にすべき」との通達が出た。検見の際に、収穫高を過小に報告されれば、藩の財政に響くことになるからである。『更級埴科地方誌』によると、松城藩は「年貢量を村内で公開すること」「年貢勘定に村人全般が立ち会うこと」を法令で義務付けたようだ。

江戸時代は一貫して米による農業本位の経済を社会基盤とした。農民はこれを担う中枢的存在である。彼らを苦しめれば、社会基盤は危うくなる。武士のなかには、このことに思いいたらない者も少なくなかったのだろう。

二百六十年間もの長きにわたり続いた徳川幕府は、ついに重農主義から貨幣を中心とした重商主義へ転換することはできなかった。既得権益化した身分制度が崩れることを恐れたのだと思う。

私が参考にした『長野市誌』を読むと、松代藩の記述は農業に関係する事柄が多い。大雨で千曲川、犀川が氾濫し田畑が流失、損失高三万二千石だったとか、更級郡今井村では、夏は雨天続きの冷夏で稲の実りが悪く、木綿や大豆が不作だったとか、さらに塩崎村で餓死者四人が出た、ほかの村で捨て子があった……。

「天保の大飢饉」のさなかの天保八年（一八三七）、松代藩の援助を受け、八田家は、五万二千人に粥《かゆ》を施している（『長野市誌』「第十六巻 歴史編 年表」より）。

　農業の収穫は自然災害の影響が大きく、農民は田畑に縛られ、ほかの産業に手を伸ばして蓄財することなど簡単ではなかった。本百姓と小作農では生活レベルは大きく違った。

　こうした下層階級の人々の喜怒哀楽を綴った日記がないのは残念である。

宿場町の発展と運上・冥加金

　更級郡は江戸へいたる交通の要衝で、北国街道と芭蕉が歩いた善光寺街道が合流する。北国街道は日常の要路であり、善光寺参りの参詣人ら旅人、行商人、飛脚、荷運搬の馬や作業員が行き来した。また松代藩だけでなく、越前、越中、越後の諸大名も江戸への往来に利用する街道であった。

稲荷山土蔵群

そのため、大名が投宿した本陣、本陣に次ぐ格式の脇本陣をはじめ、旅籠が街道沿いの宿場に軒を連ね、休憩処、そば屋、うどん屋、酒場、女郎屋、小間物雑貨屋、駕籠担ぎ職、馬での運送業者などの需要も自然発生的に生まれた。

善光寺前を流れる犀川の「丹波島の渡し」も交通の拠点で、松代藩が組織的に管理していた。悪天候ともなると川止めとなり、一般の旅人から時には大名行列も脚を休める。丹波島から篠ノ井、追分へと北国街道沿いに、さらに善光寺西街道へと、規模は小さいが多種多様な業者があり、街道沿いにはにぎわいが生まれていた。

松代藩としてはこれらに課税しない手はない。商工業者や漁業者に課されたのが運上・冥加金である。

善光寺西街道の稲荷山村は、物資の中継地の役割を得て発展を見る。商売稼業で扱いが多い順に、綿職人、呉服屋、茶屋、旅籠屋、傘屋、塩屋、豆腐屋、水車屋、足袋屋、鉄物屋、瀬戸物屋、たばこ屋などの商業が盛んだった。

八幡村では、蚕種《さんしゅ》販売、大工、左官、畳屋、桶屋、木綿師、屋根屋、釣り漁、酒造り、中馬（農民が農耕用の馬で荷物運送、農閑期の副業）などの職人仕事が中心で、これに対する運上・冥加金は、大工で最高額十三匁五分（見習いは半額）、質屋は一分で最低額、釣り漁は三匁だった。

千曲川の鮭漁は免許制で、冥加金が課せられていた。信濃の山奥では貴重な、海から遡上する鮭の漁は特別な扱いを受けたのである。江戸時代の千曲川の水は、清らかだったことだろう。鮭の遡上の事実が裏づけている。現在の千曲川はダムや水質汚濁によって鮭の自然遡上は途絶えている。

千曲川と犀川における物資の輸送

犀川沿いは山間地域のため、坂や山道が多い。背負子《しょいこ》を背負って人力で荷を運ぶのが日常だった。人が背負えるかぎり人力で運ぶが、重量のあるものや大きな生活物資の運送には、馬や牛を利用した。

千曲川流域は平坦地で街道が整っている。船は川を渡る際の渡し船程度があればよく、馬による運送が主流だった。牛を使う運搬は、馬と違い山越え向きで、休憩や野宿の際には、牛の食糧調達は道端の草で済むし、寝るときも一緒、小屋もいらないので重宝されていた。牛馬は田畑での作業においても役割が大きく、現代の私たちが想像もつかないほど重要な動物だったのである。

千曲川と犀川の船による物資の輸送は、江戸時代の後期に現れる。それ以前にも通船の計画はあったのだが、街道筋の反対で実現しなかった。江戸時代後期になって実現したのは、商業の発展に伴って出現した豪商の要請によるものだ。従来の馬や牛による物資の輸送には限度があった。商業規模の拡大とともに、一度に大量の物資を輸送できる船運が求められたのである。

善光寺あたりから物資を船に積み込み、流れに乗って松本方面を目指す。途中、点在している村々には仲買人がいて、設定場所に構えて荷を買いつけた。川の流れに逆らって上流に上る際は、船に幾本の麻縄を結わえつけ、岸にいる専任の人足たちがこの麻縄を引いて上流へ引き上げる。

千曲川だけでなく、犀川の船業者も現れ、善光寺の参詣者たちを運んだため、参詣者が旅籠を素通りすることになり宿泊客が激減、従来の商慣例を無視した抜け荷も横行する。さらに馬による従来の運送業で生計を立ててきた馬主仲間と船運業者との権益争いも発生するなど、さまざまな摩擦が生じることになった。

ついには通船の許可取り消し願いを幕府奉行所に訴えられ、争いの結果、船荷の品目は、米穀類、炭、薪、長尺材木や竹、石、土、瓦、生活用品や酢、しょうゆ、塩など五十品に制限された。

現在の便利な交通機関に慣れた私たちには珍しい話である。

松代藩財政と豪商の台頭

幕府による身分統制は安定した時代をもたらした。しかし、米を経済の中心とした石高制では、天候によって収穫高が左右されれば税収が安定せず、米の生産量が増えれば米価が下がるという根本的な問題があった。幕府も諸藩も金銭を工面するためには米を売る。米価が下がれば窮乏することになる。江戸時代の経済政策は米価の下落との戦いだったが、田沼意次《おきつぐ》が試みた重商主義政策以外は、ほとんど失敗に終わった。たとえば、八代将軍吉宗は、「享保の改革」で諸藩に米を上納させ、その見返りに参勤交代の江戸在住期間を半減する「上米《あげまい》の制」の採用、年ごとの収穫高から年貢を定める「検見法《けみほう》」から過去数年の収穫高を元に一定額を年貢とする「定免法《じょうめんほう》」への変更、「新田開発」による米の増産を試み、一時的に幕府の収入を増加させたが、結局、米価安を招いた。

幕府や諸藩が米本意制ともいうべき石高制経済の矛盾に苦しむ一方、貨幣による流通経済の波に乗ったのが商人だった。諸藩の財政が逼迫し、武士が困窮する一方、富裕な商人のなかには、藩に対して貸付を行い、領主よりも豪奢な暮らしぶりを誇る者まで現れた。

信濃国では、高井郡にあった須坂藩を支えた御用商人のうち田中本家の旧宅（田中本家博物館）に当時の豪商の暮らしを見ることができる。田中本家博物館は、敷地面積三千坪、二十の土蔵は土塀に囲まれ、五百坪の日本庭園が現存し、江戸当時のまま維持された建物群には、田中家代々の生活に使用された品々が残されている。

田中本家の初代当主は奉公人から身を起こし、享保一八年（一七三三）に独立開業。扱いは穀物が主で、生活物資まで多岐にわたった。須坂藩の御用商人となったのは二代当主の延享《えんきょう》二年（一七四五）、酒造業や貸金業まで手広く商い、その後、代々須坂藩の御用達を務め、御用金調達、献金、貸付も行っている。

「家訓」全五巻には、当主と使用人のやるべきこと、禁止すべきことが記されている。なかでも「身分の低い者や使用人でも、軽視した取り扱いをするべからず」とあり、商業社会に即した商人感覚が垣間見える。また、「相続人といえども家訓に従わない者はこれを除き、その器に当たるべき者に相続させること」とあるのは、武家の代々世襲とは対照的、現代の会社経営にも通用するもので驚かされる。

田中本家は財政難の松代藩から借用金の申し込みを受け、貸付にも応じていた。

財政難の松代藩、恩田木工《もく》を登用

恩田木工は、松代藩家老恩田民清の長男として生まれ、家督を相続したのちの延享三年（一七四六）に家老職についた。名は民親《たみちか》、官職名の木工で知られる。木工の事績は後世の松代藩士が記した『日暮硯《ひぐらしすずり》』に綴られている。

松代藩の財政は、三代藩主真田幸道の頃より徐々に困窮し、五代信安が藩政改革を命じるも功を奏することはなかった。水災害などで生活に窮していた領民に年貢の前納を求めて反発を招き、一揆に発展したうえ、役人の賄賂要求や横領が横行し、むしろ領民の不信感を深めることになった。

宝暦七年（一七五七）、六代幸弘が藩政改革を託したのが木工だった。木工は質素倹約を励行、自らも「食事は一汁一飯一菜、衣類は木綿」を実践するとともに、緩みきっていた綱紀粛正に力を入れる。贈収賄を禁じ、不公正な民政の改善に取り組む際には、罰を与えず寛容と信頼を優先させたことが功を奏し、藩士、領民からの協力を得たことがよい結果をもたらした。

このほかにさまざまな財政改革に着手、さらに山野や荒地の新規開墾などに力を入れたが、特筆すべき大改革にはつながらず、成功を見ないままに病没した。

参考文献：大平喜間多著『恩田木工民親伝』（信濃毎日新聞社）

江戸時代の社会制度は、幕府を中心とした社会秩序の維持には効果があったが、信濃国に限らず諸藩は財政が逼迫し、領民の多くは苦しい生活を強いられた。土地の所有権のない小作農の存在は、武士社会を維持させるには都合がよい。しかし、可処分所得がない層から「生かさぬように、殺さぬように」むしり取っても、経済は活性化しないし、藩の財政はよくならない。

新田開発や特産品の生産を奨励することで財政を持ち直した藩もあったが、経済効果は限定的なうえ、参勤交代や手伝い普請による負担は重く、財政は逼迫し続けるしかなかったのである。

信濃国の諸藩は、石高制にしがみつく以外に藩を存続させる道はなく、松代藩の財政難を打破するには困難が伴った。『日暮硯』からは幕藩体制の弊害がうかがえる。

もう一度、更級の魅力

旧更級郡は南北に長いゾウリムシのようなかたちをした地域だ。一般道を車で走り、南北の長さを時間で測ってみれば、一時間半ほどで走り切る。信濃国全体の数パーセントの広さではないか。

1955 年までの更級郡

だが、歴史の話題は話せど尽きぬ豊富さで、はるか昔からこの狭い地域で数々の物語が繰り広げられてきた。

千曲川東岸の埴科郡は、弥生時代中期から大和政権下にかけて稲作が広まり、地域一番の将軍塚古墳が築かれた。当時の生活を支えた土器や埴輪が発掘された古墳は大切に保存されている。この時代以降、万葉の文化が花開き、姨捨の伝承とともに観月の名所となった。中世には戦いの雄叫びが響き、近世には町人文化の粋ともいえる俳諧や浮世絵ゆかりの地となった。

それにもかかわらず、土地の人であっても更級の歴史を知る機会は得がたい。

伝承が途切れてしまったのか、関心を寄せるきっかけさえないのか、先人の偉大さに背を向けることになっている。

中秋の観月ひとつとっても「月見で一杯」が関の山で、「月を賞でて詩歌を吟じ、管弦の響きを興ずる宴」の雅にはほど遠い。これは生活様式の変化もあり、仕方がないことだが、歴史に対する視野の狭まりが残念であり、盲点となった「更級」に目を向けることが望ましくもある。

古代から更級の名が途切れることなく続いたのは、人を惹きつけるものがあればこそだ。信濃の更級にはかつて九十もの村があった。明治時代に建てられた学校や施設には更級の名が冠された。現在も長野市に更級の名でいくつか存続し、かつての面影を残している。『更級日記』の縁で、千葉県市原市の駅前通りは「更級通り」と命名されるほどに慕われているのは、前述したとおりだ。

昭和、平成を経て更級郡は消え、更級郡にあった町村は長野市や千曲市に吸収されたが、過去のよさを掘り起こして未来につなげられれば、「ここが更級だったのか」と、この地を訪れる人たちに詩歌の歴史、観月の風流、戦いの歴史を届けることができる。

姨捨の棚田にも時代の波

姨捨は山すその傾斜地を棚田として、稲作に利用している。聖湖や冠着山などに発する川が流れ下り溜池に注ぎ、さらに棚田を潤す。

高度経済成長期以後、米の消費が減り、農業の担い手は不足した。棚田の一枚一枚は狭く、機械化は無理なため、多くが耕作放棄された。

棚田が全盛期だった時代はいつだったのか。少なくとも、松尾芭蕉が見た棚田は、千曲川のはるか遠くまで黄金色の波のうねりが続いていたに違いない。現在の棚田はこの時代と比較すると、かなり狭い範囲である。

歴史的景観が失われるかもしれない危機感から、姨捨と田毎の月を守る運動が始まり、棚田のオーナー制度とボランティア活動により、一定のエリアが保存されているのは喜ばしいことで、参加されている方々に心より敬意を表したい。伝統文化の詩歌や俳句も愛好家により続いている。

現代社会に更級がなくても困るものはなにもないかもしれない。『更級日記』の更級がどこにあるのか、そもそも地名なのか知らない人も少なくないだろう。あえて時代に逆らわないのもよし。

古を知り、そこに暮らした人々に思いを馳せ、更級の地に親しみを感じる人がいてこそ、更級の名は残る。「姨捨」「老婆」「田毎の月」で終わる更級ではもったいない。若い方々が更級の新しい魅力を発見してくれることを夢見たい。

姨捨の棚田を訪れるなら、晴れ上がった日の夕暮れ前を見てほしい。四季それぞれのよさと美しさがある。

あとがき――「さらしな」のこと

私は十歳まで長野県更級郡篠《しの》ノ《の》井《い》会《あい》村（現長野市）で育った。木曾義仲が激戦を繰り広げた「横田河原の戦い」の横田城のある村である。ただ、残念なことに、この村に生まれた父、親族、村の知人から義仲の話題を聞くことはまったくなかった。更級郡に根を下ろした一人として、歴史を気にもとめない時代となったかを知る。

今回、幻冬舎さんから「さらしな（更級／更科）」でまとめてはどうかと話をいただき、さらしなの歴史に関することを後世に残せるなら意味があるのではと考えて、出版の運びとなった。

執筆にあたっては、あらためて自分の浅学を思い知らされた。ところが不思議なことに、興味はどんどん増して、書くことの苦痛がある一方、おもしろくも感じるようになった。

なぜ、この狭いエリアにかくも深く、また際立った事象が起こり得たのか、もちろん、専門家ではないが、飛鳥時代に始まるさらしなの歴史を、私の興味のある事柄という視点で調べ、特に松尾芭蕉の『更科紀行』について記す際には、姨捨から善光寺までの道筋に沿って述べている。

　多くの文学作品に波及した姨捨について、大きな戦いが起こった平安時代や戦国時代の歴史、また、真田家の松代藩内の出来事など、その時代に生きた人々の熱意を少しでも感じ取っていただき、「さらしな」が日本人の心に残り、未来まで続くように願うばかりである。

　出版に際して、多くの方々から、資料や写真の提供、ご協力・ご助言を、また編集者の方から多大なご援助をいただきました。本書は皆さまのお力添えのたまものと心より感謝しております。

山岸正侃

二〇二三年五月

参考資料・文献

『恩田木工民親伝』　大平喜間多著　信濃毎日新聞社　１９３５年
『館報 さらしな』更級への旅34 「核になった建部大垣の親孝行」　さらしな堂　２００６年４月
『源氏物語の精神史研究』　林田孝和著　桜楓社　１９９３年
『現代日本文学大系』「第四十三巻 芥川龍之介集」　筑摩書房　１９６８年
『豪商の館　信州須坂田中本家』　田中本家博物館編　田中本家博物館　１９９３年
『更埴市史』「第一巻 古代・中世編」　更埴市史編纂委員会　更埴市　１９９４年
『更埴市史』「第二巻 近世編」　更埴市史編纂委員会　更埴市　１９８８年
『一茶』　一茶記念館編　俳諧寺一茶保存会　１９６１年
『更級埴科地方誌』「第三巻 近世編上」　更級埴科地方誌刊行会編　更級埴科地方誌刊行会　１９８０年
『更級埴科地方誌』「第三巻 近世編下」　更級埴科地方誌刊行会編　更級埴科地方誌刊行会　１９８１年
『新更科紀行』　田中欣一著　信濃毎日新聞社　２００８年

『信州大学人文科学論集』「第16号」所収、宮川康雄著「『更科紀行』の旅程」　信州大学人文学部　１９８２年

『長野県百科事典』　信濃毎日新聞社開発局出版部編　信濃毎日新聞社　１９７４年

『長野市誌』「第十六巻 歴史編 年表」　長野市誌編さん委員会　長野市　２００５年

『日本古典文学全集』「第十八巻 和泉式部日記・紫式部日記・更級日記・讃岐典侍日記」「更級日記」　犬養廉校注訳　小学館　１９７１年

『日本古典文学全集』「第二十四巻 今昔物語集４」　馬淵和夫・國東文麿・今野達校注訳　小学館　１９７６年

『日本古典文学全集』「第四十一巻 松尾芭蕉集」　井本農一・堀信夫・村松友次校注訳　小学館　１９７２年

『林田孝和著作集』「第一巻 源氏物語の発想」　武蔵野書院　２０２１年

『北斎研究所 研究紀要 第一輯』所収、金田功子著「葛飾北斎と信州小布施　小布施に残る史料からの解明その①」　北斎館　２００８年

『北斎研究所 研究紀要 第三集』所収、金田功子著「葛飾北斎と信州小布施　史資料からの解明その③」　北斎館　２０１１年

著者紹介

山岸正倪（やまぎしまさつよ）

早稲田大学文学部美術史学科卒業。企業でグラフィックデザインに従事するかたわら、一般社団法人太平洋美術会に所属し画家としても活動。本展出展45回のほか、個展やグループ展などで作品を発表してきた。現在、太平洋美術会長野県支部長。自作画集に『更級埴科風景』がある。育った更級埴科の地に生きる。

さらしな——消《き》えかかるその名《な》を遺《のこ》す

2023年6月30日　第1刷発行

著　者　　山岸正倪
発行人　　久保田貴幸

発行元　　株式会社 幻冬舎メディアコンサルティング
〒151-0051　東京都渋谷区千駄ヶ谷4-9-7
電話　03-5411-6440（編集）

発売元　　株式会社 幻冬舎
〒151-0051　東京都渋谷区千駄ヶ谷4-9-7
電話　03-5411-6222（営業）

印刷・製本　　中央精版印刷株式会社
装　丁　　弓田和則

検印廃止

Printed in Japan
ISBN 978-4-344-94540-1　C0095
幻冬舎メディアコンサルティングHP
https://www.gentosha-mc.com/